Mehrwert schaffen durch
Training und Coaching

Deutscher Verband für
Coaching und Training (dvct) e. V.,

Mehrwert schaffen durch Training und Coaching

Bibliografische Informationen der Deutschen Nationalbibliothek:
Die deutsche Nationalbibliothek verzeichnet diese Publikation in der
Deutschen Nationalbibliografie, detaillierte bibliografische Daten sind
im Internet über http://dnb.de abrufbar.

Herausgeber und inhaltlich Verantwortlicher gemäß § 10 Absatz 3
MDStV:

Deutscher Verband für Coaching und Training (dvct) e.V.

Gotenstraße 19, 20097 Hamburg, Germany

Fon 040 21 99 77 54

Fax 040 98 76 24 44

Mail info@dvct.de

Web www.dvct.de

Mehrwert schaffen durch Training und Coaching

2., unveränderte Auflage 2021

© dvct Deutscher Verband für Coaching und Training (dvct) e.V.

Herstellung und Verlag:

BoD – Books on Demand Norderstedt

Redaktion: Dr. Lars-Peter Linke, Corporate Learning Communication,
Hamburg

Illustrationen: Dylan Sara

Foto S. 9: Thomas Eisenkrätzer

Grafik Cover: Ploipiroon/ Shutterstock.com

ISBN 978-3-7543-4389-0

Inhalt

Grußwort

„Mehrwert schaffen mit maßgeschneiderten Coaching- und Trainingsprogrammen"

Professionelles Coaching ist in vielen Lebenslagen eine gute Unterstützung, vor allem im Berufsleben gibt es zahlreiche Situationen und Anlässe, sich von einem Coach oder Trainer helfen zu lassen – ob ein schwieriges Gespräch mit dem Chef ansteht, ein Mitarbeiter auf ein Problem angesprochen werden muss oder Beurteilungen ins Haus stehen, ob ein Organisationsentwicklungsprozess für Unruhe sorgt, es im Team nicht rund läuft oder der eigene Führungsstil selbstkritisch hinterfragt werden soll: Ein professioneller Coach kann die richtigen Fragen stellen, den Fokus erweitern, neue Aspekte miteinbringen, Blockaden lösen und dabei helfen, eingetretene Pfade zu verlassen.

Weil es insbesondere für Führungskräfte sinnvoll sein kann, einen Coach hinzuzuziehen, hat sich die Landesregierung Schleswig-Holsteins gerade dazu entschlossen, einen eigenen, verwaltungsinternen Coaching-Pool für Führungs- und Nachwuchsführungskräfte aufzubauen. Damit wollen wir unseren Führungskräften ein praktikables Instrument an die Hand geben, sich persönlich weiterzuentwickeln und schwierige Situationen im Berufsalltag künftig noch besser zu meistern. Mehr Wert wird das ganz bestimmt haben.

Coaching ist ja eine schnelle, praxisnahe und zielorientierte „Intervention", die hilft, sich konkrete Problemlösungen zu erarbeiten und auf schwierige Situationen gut vorzubereiten. Davon profitiert nicht „nur" der Coachee, sondern das Team, die Vorgesetzten, die gesamte Organisation. Das weiß ich aus meiner beruflichen Erfahrung in Wirtschaft und Verwaltung. Entscheidend für den Erfolg ist, den „richtigen", das heißt den für Coachee und Anlass passenden, Coach zu finden. Der Deutsche Verband für Coaching und Training e.V. bietet hierfür ein großes Netzwerk an.

Dr. Bernd Buchholz
Minister für Wirtschaft, Verkehr, Arbeit, Technologie und Tourismus des Landes Schleswig-Holstein

Vademecum für Training und Coaching: Das bietet Ihnen dieser Leitfaden

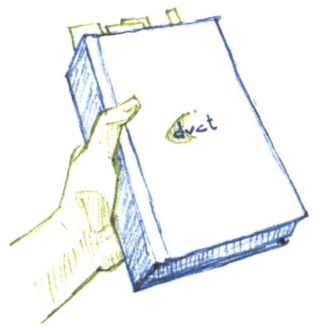

Dieser Leitfaden kann Ihnen Halt und Orientierung in einer Zeit geben, in der sich der Lern-, Trainings- und Coaching-bedarf immer schneller verändert und die Reaktionszeit zunehmend kürzer wird.

Training und Coaching sind kein Buch mit sieben Siegeln. Sie haben sich längst als Erfolgsbeschleuniger und Schrittmacher für Wandel- und Transformationsprozesse bewährt. Professionelle Coachs und Trainer öffnen Wege für Innovationen und Erkenntnisse, begleiten ihre Klienten in Phasen der Veränderung und stärken Potenziale. Sie bieten substanzielle Unterstützung für Einzelpersonen, Organisationen und für die Gesellschaft. In unserer sich stetig wandelnden Welt wird ihr Beitrag immer wichtiger und wertvoller. Sie fördern die Lern- und Entwicklungsfähigkeiten und stärken die Gemeinschaft.

Das Buch wendet sich an alle, die Trainings und Coachings im Unternehmen initiieren, managen und verantworten. Es dient nicht dazu, alle Elemente und Phänomene zu beschreiben oder zu diskutieren. Die Welt des Trainings und Coachings ist so bunt und vielfältig, wie die Menschen, die sie beleben und verändern. Aber es kann Ihnen helfen, aus der Vielfalt der Angebote, das richtige Training, die geeigneten Trainer und die passenden Coachs zu finden.

Die Fragen und Anregungen auf den folgenden Seiten regen dazu an, innezuhalten und zu überprüfen, ob Coaching und Training in Ihrem Unternehmen das notwendige Maß an Planung und Organisation erhalten, das sie benötigen. **So finden Sie die richtigen Stellschrauben, um mit wenig Aufwand die Trainings- und Coachingergebnisse spürbar zu verbessern.**

Wir hoffen, dass Ihnen dieses Vademecum wertvolle Unterstützung bei der Planung Ihrer nächsten Coaching- und Trainingsmaßnahme bietet: **damit Sie schnell Wünsche erfüllen, Potenziale entfalten und Ihr Unternehmen voranbringen können.**

Training:
Impulse für neue Kompetenzen

Professionelles Training verleiht neue Kompetenzen. Es baut auf vorhandenen Stärken und Bedürfnissen der Klienten auf. Im Unternehmenskontext dient es ebenso der Entwicklung des Einzelnen wie der Entwicklung der Organisation: Mitarbeiter, die ihre eigenen Stärken und Schwächen kennen und daran arbeiten, besser zu werden, sind motiviert und leistungsbereit.

Im Allgemeinen unterscheidet man zwischen **Fachtraining** und **Verhaltenstraining**.

Im so genannten Fachtraining vermittelt der Trainer vor allem Fachwissen. Das Verhaltenstraining hilft dabei, nachteilige Verhaltensmuster zu ändern. Ziel ist es, dass die Teilnehmer das Gelernte umsetzen und nachhaltig in ihren (Arbeits-)Alltag integrieren können.

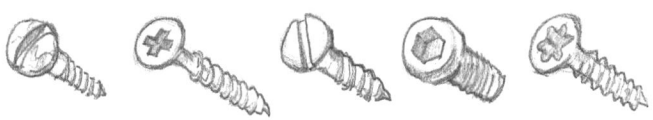

Beispiele für Fachtrainings:
- IT-Skills (z. B. Office-Programme), Produktschulungen, Rechtsthemen (z. B. Datenschutzgrundverordnung etc.)

Beispiele für Verhaltenstrainings:
- Führungstrainings, Kommunikationstrainings, Teamtrainings

Die Grenze zwischen Fach- und Verhaltenstrainings ist fließend. So vermitteln zum Beispiel Projektmanagementtrainings zumeist eine Vielzahl an Fachinhalten wie die Definitionen des Projektmanagementinstituts. Zugleich trainieren die Teilnehmer im Projektmanagementtraining zumeist auch ihre Kommunikationskompetenz und ihr Verhalten in Konflikten.

Auch Fachtrainings, die zumeist aus rein inhaltlichen Anforderungen der Wissensvermittlung angesetzt werden, entfalten eine Wirkung auf die Persönlichkeit und die persönliche

Situation der Teilnehmer. Sie können motivieren oder de-
motivieren, selbständiges Denken fördern oder blockieren.

Jedes Training ist eine Intervention, die Einfluss auf die Unternehmenskultur und soziale Prozesse im Unternehmen
nimmt – auch dann, wenn die Inhalte rein „fachlich" ausgerichtet sind. So kann die Auswahl der Teilnehmer, die Wahl
des Trainingsorts und die Kommunikation der Trainingsziele
und -inhalte gewünschten oder unerwünschten Einfluss auf
Motivation und Einstellungen der Mitarbeiter ausüben – weit
über den Kreis der Teilnehmer des Trainings hinaus. Deshalb
sollte die Kommunikation einer Trainingsmaßnahme immer
mitgedacht und mitgeplant werden.

 Training? Seminar? Workshop? Kurs?
Lernen hat viele Namen ...

Begriffe wie Seminar, Training oder Kurs werden oft
synonym verwendet. Eine kleine Begriffsbestimmung:

Seminar: Der Begriff stammt aus der Hochschulwelt.
Ein Seminar ist – im Gegensatz zur Vorlesung, die wenige oder keine interaktiven Elemente enthält – eine
Lehrveranstaltung bei der die Teilnehmer unter (wis-
senschaftlicher) Anleitung bestimmte Themen erarbeiten.

Training: Der Begriff stammt aus der Welt des Sports.
Die Teilnehmer üben Techniken und verbessern ihre
Kompetenzen durch Betätigung.

Fortbildung: Bei einer Fortbildung steht eine konkrete Qualifizierung im Fokus, die sich auf den derzeit ausgeübten Job des Teilnehmers bezieht. Hierbei geht es um den gezielten Erwerb weiterführender Fähigkeiten und Fertigkeiten, die für die Ausübung neuer, bevorstehender Aufgaben des Jobs ausgerichtet sind. Beispiel für eine Fortbildung in einem Fachthema wäre zum Beispiel ein Seminar/Training zu neuen Softwareversionen oder zu neuen Rechtsentwicklungen. Eine Fortbildung mit verhaltensorientiertem Schwerpunkt wäre ein Training „Gesprächskompetenz" für Vertriebsmitarbeiter.

Weiterbildung: Eine **Weiterbildung** muss nicht in direktem Bezug zum bestehenden Job des Teilnehmers stehen. Hierbei geht es in erster Linie darum, das eigene Qualifikationsprofil auszubauen. (Die Grenze zwischen Fort- und Weiterbildung ist erwartungsgemäß fließend. Oft heißt es vereinfachend: „Fort- und Weiterbildung").

Kurs: Ein Kurs ist eine zusammenhängende Folge von Trainings oder Lehrveranstaltungen, also kein singuläres Ereignis.

Workshop: Workshop, heißt wörtlich übersetzt „Werkstatt". Der Begriff betont das selbständige Arbeiten der Teilnehmer und die offene, realitätsnahe Atmosphäre. Eine kleine Gruppe arbeitet in kurzer Zeitdauer an einem Thema.

Webinar: Ein Webinar oder Web-Seminar ist ein Seminar, das über das World Wide Web gehalten wird. Es ist zumeist kürzer und kompakter als ein Präsenzseminar, enthält aber auch praktische/interaktive Elemente.

Tutorial: Ein Tutorial ist ein Lernvideo, das Wissen in anschaulicher Form vermittelt.

Messbar: Erfolgsparameter für gutes Training

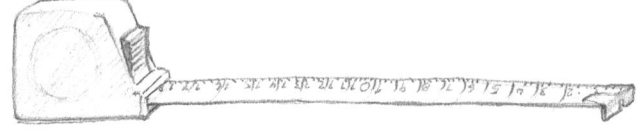

Gute Trainingsergebnisse sind kein Zufall. Der Trainingserfolg lässt sich objektiv beurteilen. Die Evaluation von Trainings kann die Reaktion der Teilnehmer während und nach der Veranstaltung, den Lernerfolg, das Verhalten und das Ergebnis für das Unternehmen beschreiben und bewerten.

Unabhängig von der inhaltlichen und didaktischen Qualität des Trainings bestimmen auch die Logistik und Kommunikation den Erfolg einer Trainingsmaßnahme.

Platz, Luft, Licht:
Erfolgsparameter Trainingslogistik

Parameter	Kontrollfragen
Raum: Größe, Bestuhlung, Lichtverhältnisse	Ist der Raum geeignet und groß genug für die Art der Trainingsdurchführung? Sorgen Interieur und Tageslicht für anregende Lernatmosphäre?
Raum: Ausstattung und Technik	Steht die benötigte Technik zur Verfügung (Beamer, Leinwand, W-LAN, Pinnwände, Moderatorenkoffer)? Passen Catering und Seminarverpflegung zu Ablauf und Ausrichtung?
Teilnehmer: Zusammensetzung, Kenntnisstand, Lernziele	Passt die Teilnehmerzahl zu Inhalt und didaktischer Ausrichtung? Ist die Gruppenzusammensetzung hinsichtlich Kenntnis und Erfahrung homogen/divers? Kennen sich die Teilnehmer untereinander?
Timing: Zeitpunkt, Zeitrahmen	Wie viel Zeit vergeht zwischen Terminverkündung und Durchführung? Haben die Teilnehmer genügend Zeit zur Vorbereitung? Passt der Termin zur Arbeitsplanung oder kollidiert er mit wichtigen vorsehbaren Terminen (Konferenzen, Messen, internen Deadlines etc.)?

Parameter	Kontrollfragen
Trainingsdesign: Didaktik und Ablauf	Passt die Mischung aus Trainer-Input und Einzel- und Gruppenarbeiten zu Erwartungshaltung, Zielen und Lernerfahrungen der Gruppe? Passt das Seminardesign zum gewählten Ort und zur vorgegebenen Zeitspanne? Ist das Seminardesign geeignet, um Diskussionen während des Seminars und selbstgesteuerte Lernprozesse nach der Veranstaltung zu initiieren?
Trainingsinhalte: Anwendbarkeit und Nutzen	Stehen die Trainingsinhalte in Kongruenz zu Unternehmens-/Abteilungszielen? Sind die Trainingsinhalte möglichst detailliert auf Unternehmensrealitäten ausgerichtet/ anwendbar? Entsprechen die Trainingsinhalte den Wünschen und Prioritäten der Teilnehmer? Lässt sich genau beschreiben, was die Teilnehmer nach dem Training besser können?
Trainer: Erfahrung und Passung zum Unternehmen	Verfügt der Trainer über ausreichend Fachkompetenz und didaktische Kompetenz? Hat der Trainer/die Trainerin ausreichend Kenntnisse über Angebot, Status quo, Vision, Purpose und Strategie des Unternehmens? Passen Werte, Trainingsphilosophie, Trainingsstil, Charisma und Auftreten zur Lern- und Trainingskultur des Unternehmens?
Trainings- kommunikation: Internes Marketing	Sind alle potenziellen Teilnehmer rechtzeitig, ausführlich und ansprechend informiert? Kennen und teilen alle Trainingsteilnehmer die Trainingsziele? Werden alle Informationen rund um das Seminar (Anreise, Seminargebühren, Vorbereitung etc.) rechtzeitig vermittelt? Sind auch indirekt Beteiligte (Vorgesetzte, Sponsoren, HR-Abteilungen, Betriebsrat etc.) rechtzeitig und ausreichend informiert?

Training bei Veränderungsprozessen

Training nimmt in Veränderungsprozessen eine wichtige Stellung ein. Im Training können die Teilnehmer wichtige Kompetenzen erwerben und/oder stärken, die für die zukünftige Organisationsumgebung während und nach einem Veränderungsprozess benötigt werden. Dies können zum Beispiel Fachkompetenzen wie Vertriebskompetenz, Gesprächskompetenz, Fachwissen aus Bereichen wie Recht, Technik oder Arbeitsorganisation sein oder persönliche Kompetenzen wie Kommunikation, Leadership und Selbstmanagement. Im Idealfall lassen sich Trainingsinhalte, Trainingsziele und Zielgruppen für das Training vor Beginn des Veränderungsprozesses aus der Veränderungsstrategie und der Strategie-Roadmap ableiten.

Darüber hinaus stärken Trainingsmaßnahmen auch das Buy-In, also das Verständnis, die Unterstützung und das Vertrauen der Mitarbeiter in Sinn, Zweck und (persönlichen) Nutzen des Veränderungsprozesses. Im Training können sich die Teilnehmer austauschen, Ängste abbauen, sich vernetzen und auf neue Umgebungen und Abläufe vorbereiten.

Sowohl der Trainer als auch die Teilnehmer müssen nachvollziehen können, wie das Training thematisch und organisatorisch in einen Veränderungsprozess eingebunden ist und wie die Trainingsergebnisse in die kurz-, mittel- und langfristigen Ziele einzahlen. Wenn der Veränderungsprozess gerade erst gestartet und noch nicht ausreichend kommuniziert ist, können Orientierungssuche, Verärgerung und Diskussionsbedarf die Konzentration auf individuelle Lern- und Kompetenzziele stark beeinträchtigen. Trainings sind kein Ersatz für andere Formate zur Kommunikation und Aktivierung der Mitarbeiter. Diese Ziele erreichen Kick-off-Workshops, Großgruppenveranstaltungen und Town Hall Meetings wesentlich stringenter.

Konzeptionsfragen für Trainings in Veränderungsprozessen

- Lässt sich klar definieren, welche Kompetenzen trainiert werden, um den Unternehmenserfolg vor und während eines Veränderungsprozesses zu sichern und auszubauen?
- Welche inhaltlichen und methodischen Anknüpfungspunkte und Überschneidungen gibt es zu anderen Veranstaltungsformaten?
- Lässt sich die Teilnehmerzahl genau eingrenzen? Wer kann/sollte/muss teilnehmen?
- Welche Zeitvorgaben ergeben sich aus dem Veränderungsprozess für die Trainingsorganisation?

- Welche Trainingsergebnisse werden für den weiteren Prozess erwartet/benötigt?

Training als Treiber einer Lern- und Veränderungskultur

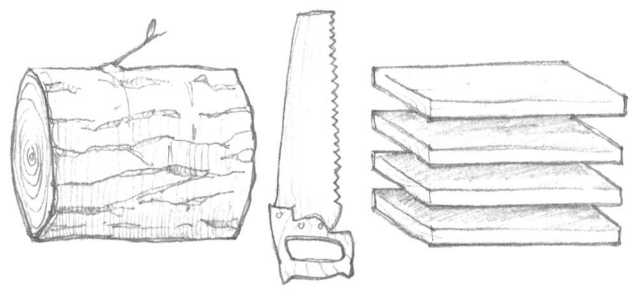

Die schnellen Veränderungen, Brüche und Disruptionen, die Phänomene wie Digitalisierung, Globalisierung und der Wertewandel im Arbeitsleben mit sich bringen, haben nahezu allen Unternehmen aufgezeigt, wie wichtig Lernen, Lernbereitschaft und eine klar definierte Lernkultur für das Überleben sind. „Working out loud" lautet eine Methode und ein Lernverständnis, das Lernen nicht nur als Mittel zum Zweck, sondern als Ausdruck einer Kultur der Zusammenarbeit und des Teilens von Wissen und Erfahrung versteht. Unter diesen Vorzeichen kann ein Training doppelt in die Ziele eines Veränderungsprozesses einzahlen: Es vermittelt wichtige Kompetenzen, die die Führungskräfte und Mitarbeiter eines Unternehmens während und nach einem Change-Prozess benötigen. Dies können zum Beispiel Projektmanagementmethoden oder der Umgang mit neuer Soft- und Hardware sein. Gleichzeitig bietet das Training die Möglichkeit, das Lern- und Arbeitsverständnis zu hinterfragen, zu reflektieren und zu verändern. Der Erwerb neuen Wissens und das Ausprobieren neuer Fertigkeiten in der Gruppe stärken die Gemeinschaft und helfen, gemeinsame Abläufe und den gemeinsamen Umgang zu thematisieren, zu hinterfragen und Verbesserungen auf den Weg zu bringen.

Trainingsvarianten und hybride Ansätze

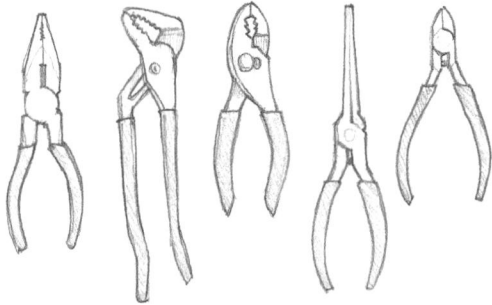

Menschen können gemeinsam ihre Kompetenzen trainieren, ohne diese Form des gemeinsamen Lernens „Training" zu nennen. Workshops, Konferenzen und andere Formate können ebenso Trainingselemente enthalten. Zum Training wird Lernen immer dann, wenn es bewusst geschieht und das Ziel verfolgt, Kompetenzen zu erwerben oder zu stärken. So kann zum Beispiel die Innovationsmethode Design Thinking, die Mitarbeiter anleitet, die verschiedenen Bedürfnisse und

Motivationen relevanter Zielgruppen zum Ausgangspunkt ihrer Ideensuche zu machen, Trainingselemente enthalten. Auch Beratungsprozesse und Prozessbegleitung enthalten oft Trainingselemente. Auf dem Markt kursieren viele Mischformen, die Coaching, Beratung und Training zu vielgestaltigen Programmen kombinieren und die Vorteile vieler Ansätze zusammenführen. Wichtig für den Erfolg ist immer die Frage, was die Teilnehmer nach einem abgeschlossenen Training *besser können* sollen. Training enthält immer das Angebot, Neues auszuprobieren und sich weiterzuentwickeln. Reine Informationsaufnahme oder bloßer Meinungsaustausch sind kein Training.

E-Training und Blended Learning

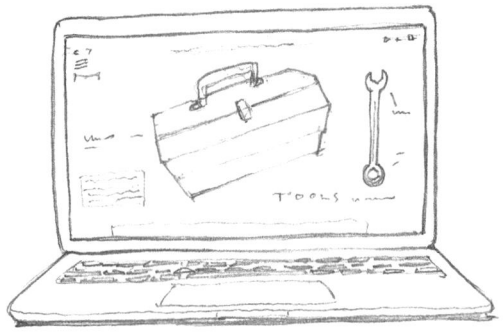

Kompetenzen lassen sich auch online trainieren: E-Training vermittelt Lerninhalte mit Einsatz von elektronischen Hilfsmitteln, zum Beispiel Online-Lernprogrammen. Während im Präsenztraining die Lernerfahrung immer raum- und zeitgebunden ist, wird beim E-Training der Lernprozess aufgeteilt; der Lerner kann in der Regel selbst entscheiden, wann und wo er lernt. So wird das Training selbstgesteuerter. Der Teilnehmer kann selbst entscheiden, wie schnell er voranschreitet, ob er bestimmte Lerneinheiten wiederholen möchte und welche zusätzlichen Lernmöglichkeiten er hinzuziehen möchte: Videos, Hintergrundtexte, Tests zur Lernkontrolle, Teilnahme an Chats und Foren etc.

E-Training bietet im Vergleich zum Präsenztraining Vor- und Nachteile, die jeweils aus Sicht des Unternehmens wie des Lernenden beschrieben werden können:

Vor- und Nachteile von E-Training aus Sicht des Unternehmens
- Kostenersparnis: Skalierungseffekte durch hohe Teilnehmerzahlen
- Redaktionelle Steuerung: Behandelte Inhalte können genau abgestimmt werden (Argumente, Botschaften, Wording)
- Leichte Überprüfung und Dokumentation von Teilnahme und Lernergebnissen
- Inflexibilität bei Gestaltung und Aktualisierung der Inhalte nach Produktionsschluss
- Höhere Abbrecher-Quote (Drop-Out-Rate)

Vor- und Nachteile von E-Training aus Sicht des Lernenden
- Freie Zeiteinteilung
- Freie Bestimmung des Lerntempos (Lesegeschwindigkeit, Lösen von Aufgaben etc.)
- Möglichkeit, Lerneinheiten nach freiem Ermessen zu wiederholen

- Kein Zeitverlust durch Transferwege (An- und Abreise, Übernachtung)
- Geringe Möglichkeiten zur Zusammenarbeit, Gefahr des „einsamen Lernens"
- Hohe Ansprüche an Selbstlernkompetenz und Selbstorganisation
- Weniger sinnliche Eindrücke bei der Lernerfahrung (Raum, Umgebung etc.)

Blended Learning

Der Begriff „Blended Learning" beschreibt die Kombination von unterschiedlichen Methoden und Medien, etwa aus Präsenztraining und E-Training. So können zum Beispiel Inhalte, die eher auf Wissenstransfer setzen vor einem Präsenztag, an dem Kompetenzen und Lerntransfer im Mittelpunkt stehen, in Online-Modulen zum Selbsttraining vermittelt werden. Über Lernplattformen (Learning Management Systeme = LMS) können Lernmaterialien und Trainingsinformationen (z. B. Zeitpläne, Anfahrtsskizzen, Handouts, Teilnehmerlisten etc.) bereitgestellt und verwaltet werden. Auch umfangreiche Lerneinheiten, die Online-Quizzes, Videofilme und Online-Diskussionen enthalten, können über eine Plattform organisiert werden.

Im Ablauf des Wechsels zwischen E-Training und Präsenztraining lassen sich drei Formen unterscheiden:

1. Rotations-Modell: Die Reihenfolge und der Wechsel zwischen Online- und Präsenzeinheiten ist vorgegeben und kann vom Lernenden kaum beeinflusst werden.

2. Flex-Modell: Der Lernende kann frei die Reihenfolge der einzelnen Einheiten bestimmen (evtl. auch die Zahl der zu bearbeitenden Einheiten).

3. Angereichertes Modell: Im Mittelpunkt steht (mindestens) ein Präsenzseminar, das vor und nach der Durchführung durch Online-Komponenten angereichert wird.

Reflexionsfragen zur Einführung von E-Training und Blended Learning-Programmen

- Welchen Stellenwert hatte soziales Lernen (Lerngruppe im Trainingsraum) bisher? Welche Wertschätzung hatten Teilnehmer dem Training bisher entgegengebracht?
- Lässt sich sicherstellen, dass Mitarbeiter während der Arbeitszeit selbstgesteuert, konzentriert ihr Lernprogramm absolvieren?
- Erfordert das Thema eher Wissens- oder eher Lerntransfer?
- Wie flexibel kann oder muss das Thema an Unternehmenskontexte, Teilnehmererfahrungen, Kenntnisse der Teilnehmer etc. angepasst werden?
- In welcher Relation stehen Lernbudget und Lernerfolg? (Wie dringend wird der Lernerfolg benötigt? Wie schnell?)

Erfolgsparameter und Fehlerpotenziale für Personalentwickler im Trainingsprozess

Phase des Trainingsprozesses: Bedarfsermittlung

Erfolgsparameter

- Prozessqualität: Alle Beteiligten (inkl. z. B. Vorgesetzte) kennen Ziele und Methoden des Trainings, das Trainingsverständnis des Unternehmens und die Prozessabläufe
- Timing: Trainingsbedarf wird rechtzeitig erhoben/bekannt

Fehlerpotenziale

- Unzureichende Kenntnis der Prozessbeteiligten über Ablauf, Möglichkeiten und Ziele des Instruments „Training"
- Unzureichende Kenntnis der Prozessbeteiligten über das Trainingsverständnis des Unternehmens
- Unzureichendes oder undefiniertes Budget für Trainings
- Ungeregelter Prozess zur Initiierung eines Trainingsprozesses (Wer bestimmt, dass ein Training organisiert wird?)

Phase des Trainingsprozesses: Kontakt

Erfolgsparameter

- Genügend große Auswahl an einsatzbereiten Trainern (gepflegter Trainer-Pool)
- Schnelle Terminierung des Erstkontaktgesprächs
- Trainer sind ausreichend über Prozessabläufe, Coachingverständnis des Unternehmens informiert

- Trainer ist ausreichend über aktuelle Situation des Unternehmens informiert

Fehlerpotenziale

- Trainerpool zu klein
- Trainerpool nicht aktualisiert, Anzahl der zur Verfügung stehenden Trainer ist zu klein
- Unzureichendes Briefing des Trainers über aktuelle Lage des Unternehmens
- Unzureichendes Briefing des Trainers zu Lernkultur und Trainingsverständnis

Phase des Trainingsprozesses: Auftragsklärung

Erfolgsparameter

- Offene Kommunikation über eigene Wahrnehmung des Trainingsbedarfs

Fehlerpotenziale

- Dem Trainer und den Teilnehmern sind Ziele und Erwartungen des Unternehmens an ein Training nicht gegenwärtig

Phase des Trainingsprozesses: Trainingsdesign

Erfolgsparameter

- Trainer kann für die Konzeption auf benötigte Informationen des Unternehmens zurückgreifen

- Trainer liegen Informationen über Teilnehmer (Erfahrungen, Kenntnisstand, bereits besuchte Seminare etc. vor)
- Trainer kann Seminarsetting (Raumgröße, Bestuhlung, Technik etc.) frei wählen und auf Trainingsziele abstimmen

Fehlerpotenziale

- Trainer liegen falsche oder zu wenige Informationen über Unternehmenskontext, Trainingsziele, Teilnehmer (Erfahrung, Position im Unternehmen etc.) vor
- Trainer stehen zu wenig Ressourcen (Zeit, Honorar) für Konzeption und Adaption des Trainings zur Verfügung

Phase des Trainingsprozesses: Trainingsdurchführung

Erfolgsparameter

- Raumgröße, Ausstattung und Technik sind auf Gruppengröße, Methoden und Ziele abgestimmt
- Teilnehmer sind über Ziele, Erwartungen und Methoden des Trainings informiert

Fehlerpotenziale

- Raumgröße, -ausstattung und Technik sind ungenügend
- Teilnehmer sind unzureichend über Ziele, Didaktik, Inhalte und Anlass des Trainings informiert
- Teilnehmerzahl passt nicht zur didaktischen Ausrichtung des Trainings

Erfolgsparameter

- Teilnehmer haben am Ende des Trainings eine klare Vorstellung, wie sich neues Wissen und neue oder gestärkte Kompetenzen im Arbeitsalltag nutzen lassen
- Erkenntnisse des Trainings fließen in Konzeption und Planung weiterer Trainings mit ein

Fehlerpotenziale

- Teilnehmer sehen nach dem Training keine Möglichkeit oder keinen Anlass, Gelerntes in die Praxis zu übertragen

Basis des Erfolgs: Lern- und Trainingsphilosophie des Unternehmens

In den wenigsten Unternehmen ist das Lern- und Trainingsverständnis kodifiziert. Wenn ein Unternehmen aber die Bedeutung des Lernens und der ständigen Kompetenzerweiterung seiner Mitarbeiterinnen und Mitarbeiter erkannt hat, kann ein klar formuliertes Trainingsverständnis Orientierung geben und Qualität sichern. Das Verständnis gibt Kriterien vor, was von Trainern und Teilnehmern erwartet wird und welche Prioritäten das Unternehmen als Ganzes bei Auswahl, Planung und Durchführung der Trainings setzt. Zudem zeigt es Beziehungen und Abgrenzungen von Lernen und Training zu benachbarten Prozessen im Unternehmen auf. Zum Beispiel zur Personalauswahl, zum Talentmanagement, zum Onboarding und zum Innovations- und Changemanagement.

Das Lern- und Trainingsverständnis hebt die Bedeutung des persönlichen wie des organisationalen Lernens für den Unternehmenserfolg hervor. Es beschreibt, welches Fachwissen und welche sozialen und persönlichen Kompetenzen trainiert und entwickelt werden sollen. Dazu skizziert das Verständnis Aufgaben, Prozesse und Rollen. Zum Beispiel legt es fest, was von den Führungskräften zur Förderung der Mitarbeiter wie zur Förderung der Lernkultur im Unternehmen erwartet wird. Es ermuntert den Einzelnen, seine Lernbiographie aktiv zu gestalten, und beschreibt, welche Personen und welche Instrumente zur Unterstützung bereitstehen. Vor allem zeigt es auf, wie die Verknüpfung von Lernzielen und Lernerfolgen mit der praktischen Arbeit verbunden werden kann. Je konkreter es wird, desto hilfreicher ist es, wenn Entscheidungen über Trainingsanfragen, Lernbudgets und vieles mehr anstehen.

Folgende Angaben sollten in der Definition des Lern- und Trainingsverständnisses enthalten sein:

- Bedeutung von Lernen und Training für die Unternehmensziele
- Bedeutung von Wissenstransfer (Vermittlung von Fachwissen) und Lerntransfer für das Unternehmen
- Organisation und Verantwortlichkeiten im Trainingsprozess
- Methoden der Bedarfserhebung
- Beschreibung der Unternehmenswerte, die allem Handeln und aller Kommunikation – und damit auch Training und Lernen – zugrunde liegen (sollen)

Coaching:
Der Weg zur persönlichen Balance

Coaching hat sich seit den achtziger Jahren des 20. Jahrhunderts zu einem der wichtigsten Instrumente der Personalentwicklung entwickelt. Professionelles Coaching setzt den Fokus auf das Individuum und seine Möglichkeiten. Deshalb ist es flexibel einsetzbar, effizienz- und ressourcenorientiert. Das macht es für Unternehmen ebenso attraktiv wie für Einzelpersonen.

Professionelles Coaching bietet Hilfe zur nachhaltigen Selbsthilfe. Der Coachee (das ist die Person, die das Coaching in

Anspruch nimmt) lernt, wie er selbst Probleme und Konflikte löst und bewältigt. Er bestimmt das Ziel des Coachings, die Kriterien für die Zielerreichung legen Coach
und Coachee gemeinsam fest. Während des Coachingprozesses, den der Coach verantwortet, gewinnt der Coachee
neue Erkenntnisse, setzt diese in Handlungsalternativen
um und lernt, die Wirkungen seines Handelns in seinem
Umfeld einzuschätzen.

Coaching ist ...

Professionelles Coaching setzt ganz auf die Entwicklung individueller Lösungskompetenz beim Klienten.

Der Klient bestimmt das Ziel des Coachings. Der
Coach verantwortet den Prozess, bei dem der Klient
neue Erkenntnisse gewinnt und Handlungsalternativen entwickelt. Dabei wird dem Klienten die Wech-
selwirkung seines Handelns in und mit seinem Umfeld
deutlich.

Coaching ist als strukturierter Dialog zeitlich begrenzt und auf die Ziele und Bedürfnisse des Klienten
zugeschnitten.

Der Erfolg von Coaching ist messbar und überprüfbar,
da zu Beginn des Prozesses gemeinsam die Kriterien
der Zielerreichung festgelegt werden.

Im Unternehmenskontext wird Coaching immer öfter eingesetzt – auf Top-Führungsebene wie im mittleren Management und für Fachexperten. Die Anlässe für Coaching sind vielfältig: Konfliktsituationen und Herausforderungen mit der Führungsrolle können ebenso durch Coaching zu einer Lösung geführt werden wie Probleme bei der Wiedereingliederung nach einer längeren Abwesenheit oder Kommunikationsschwierigkeiten zwischen einem Einzelnen und Teams oder Abteilungen. Oft knüpfen Coachings an Bedarfe an, die mit Personalentwicklungsinstrumenten wie Vorgesetztenbeurteilung oder Potenzialanalyse ermittelt worden sind.

Typische Anfragen und Anliegen von Einzelpersonen sind Karrierebegleitung, die Bewältigung von Krisen oder die Vereinbarkeit von Familie und Beruf. In diesen und anderen Fällen zeichnet sich Coaching vor allem durch seinen gezielten, direkten und schnellen Zugang zu den Potenzialen und inneren Ressourcen des Klienten aus. Allen Coachingfällen gemeinsam ist die zeitliche Befristung. Coaching ist immer begrenzt und ausschließlich auf ein konkretes Anliegen beschränkt. Es ist das individuellste Weiterbildungsformat, das ein Unternehmen anbieten kann.

Anlässe für Coaching im Unternehmen (Auswahl)

Unterstützung für Mitarbeiter, die erstmals eine Führungsrolle übernehmen.

Unterstützung für Mitarbeiter im neuen Umfeld, in neuer Position, in neuer Teamstruktur.

Unterstützung für Mitarbeiter, deren Kommunikationsverhalten/Selbstverständnis/Führungsverständnis sich grundlegend von der Umgebung unterscheidet.

Unterstützung für Mitarbeiter nach Krankheit/Abwesenheit/Auslandsaufenthalt o. ä.

Unterstützung für Mitarbeiter vor Entscheidungen und in Veränderungsprozessen.

...

Phasen eines Coachingprozesses und Aufgaben von Coach, Coachee und Personalentwicklung

Phase des Coachingprozesses:
Bedarfsermittlung

Beschreibung
- Ableitung des Coachingprozesses durch Personalentwicklungsinstrumente oder durch Initiierung des Coachees

Aufgabe Coach
- In dieser Phase nicht involviert

Aufgabe Coachee
- Ggf. Anmeldung Coachingbedarf

Aufgabe Personalentwicklung

- Auswertung von PE-Instrumenten und Ableitung von Coachingbedarf
- Kommunikation und Marketing des Coachingangebotes
- Reaktion auf Anmeldung von Coachingbedarf

Phase des Coachingprozesses:
Kontakt

Beschreibung

- Nach Auswahl des Coachs (im Idealfall durch PE und Coachee) treten Coach und Coachee in Kontakt und lernen sich kennen

Aufgabe Coach

- Vorstellung und Präsentation eigener Kompetenzen, Erfahrungen und Arbeitsweisen
- Ermittlung und Einforderung von Briefinginformationen: Coachingverständnis des Unternehmens, weitere PE-Instrumente im Unternehmen etc.
- Abfrage von Informationen über den Coachee und sein Coachinganliegen

Aufgabe Coachee

- Auswahl des Coachs
- Persönliche Vorstellung
- Einlassen auf Coach und Coachingprozess
- Formulierung von Erwartungen, Befürchtungen und Zielen

Aufgabe Personalentwicklung

- Organisation und Begleitung des Kennenlerntermins

- Briefing des Coachs über Anlass, Coachee (Position, Jahre im Unternehmen, Aufgaben, evtl. Ergebnisse und Ableitungen von PE-Instrumenten)
- Briefing des Coachs (und evtl. auch des Coachees) über das Coachingverständnis des Unternehmens
- Klärung und Kommunikation der Rahmenbedingungen (Honorar, Logistik, Vertrag, Datenschutz)
- Klärung und Kommunikation der Ziele und Erwartungen des Unternehmens an dieses Coaching

Phase des Coachingprozesses: Auftragsklärung

Beschreibung

- Coach und Coachee klären gemeinsam die Ziele des Coachings und definieren die Erfolgsindikatoren

Aufgabe Coach

- Prozessleitung und Aufklärung über realistische und planbare Coachingziele
- Aufklärung des Coachees über Coachingverständnis und mögliche Coachingmethoden

Aufgabe Coachee

- Offene Kommunikation über eigene Wahrnehmung des Coachingbedarfs
- Konstruktive Mitarbeit an Zielsetzungen für das Coaching

Aufgabe Personalentwicklung

- In dieser Phase nicht involviert

Phase des Coachingprozesses:
Lösungen

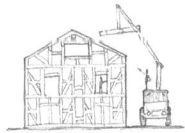

Beschreibung

- In dieser Phase entwickelt der Coachee Lösungen für zuvor definierte Probleme/Fragestellungen. Der Coach trägt Prozessverantwortung

Aufgabe Coach

- Prozessverantwortung (Gesprächsführung, Zeitmanagement etc.)

Aufgabe Coachee

- Inhaltliche Verantwortung für Findungsprozess und Lösungen

Aufgabe Personalentwicklung

- In dieser Phase nicht involviert

Phase des Coachingprozesses:
Transfer

Beschreibung

- In dieser Phase werden Ergebnisse in den Arbeitsalltag übersetzt. In den Coachingsitzungen werden abgesprochenes Verhalten, Hürden und Wirkungen besprochen.

Aufgabe Coach

- Prozessverantwortung (Gesprächsführung, Zeitmanagement etc.)

Aufgabe Coachee

- Eigenverantwortung für Übertragung besprochener Aktionen in den Arbeitsalltag

Aufgabe Personalentwicklung

- In dieser Phase nicht involviert

Phase des Coachingprozesses: Evaluation

Beschreibung

- In der Evaluationsphase werden die Coachingergebnisse festgehalten und bewertet. Dazu können verschiedene Instrumente zur Anwendung kommen – zum Beispiel 360-Grad-Feedback, Vorgesetztengespräche etc.

Aufgabe Coach

- Anleitung und Abstimmung der Evaluationsinstrumente

Aufgabe Coachee

- Mitwirkung und Mitverantwortung für alle eingesetzten Feedbackinstrumente

Aufgabe Personalentwicklung

- Auswertung der Coachingergebnisse aus Unternehmenssicht. Abschlussgespräch mit Coach und Coachee

Gut, wenn es Wirkung zeigt:
Parameter für erfolgreiches Coaching

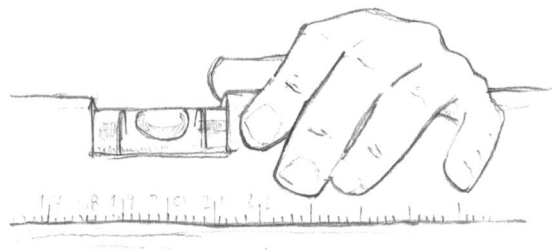

Die Qualität jedes guten Coachings liegt in der Beziehung, die Coach und Klient zueinander aufbauen. Die berühmte „Chemie" muss stimmen. Nur dann entsteht eine vertrauensvolle und lösungsorientierte Atmosphäre, in der Zusammenhänge hinterfragt werden und der eigene Beitrag zu Krisen und Konflikten erkannt wird – all das ist Voraussetzung, um Situationen zu klären, neue Wege zu finden und selbständig Maßnahmen einzuleiten.

Egal, welche Methoden ein Coach anwendet und auf welche Expertise er sich stützt: Die Rollenverteilung im professionellen Coaching ist nicht verhandelbar. Der Klient bestimmt das Ziel des Coachings, der Coach steuert und verantwortet den Prozess. Im Gespräch und in Reflexionsübungen gewinnt der Klient Einsichten und Anregungen, um seine Ziele zu erreichen.

Voraussetzung für die erfolgreiche Zusammenarbeit von Coach und Coachee ist das vertrauensvolle Miteinander bei absoluter Diskretion. Coach und Coachee dürfen zu keinem Zeitpunkt des Coachings (und auch nicht nach Abschluss des Prozesses) über Themen und Inhalte der Sitzungen Auskunft geben müssen. Sie allein bestimmen über die Ziele der einzelnen Sitzungen wie des gesamten Prozesses. Nicht zuletzt diese Verantwortungsübertragung unterscheidet Coaching von allen anderen Personalentwicklungsformen. Viele Personalentwicklungsverantwortliche empfinden Coaching deshalb oft als Black Box – ein Vorgang, der sich, sobald er aufgesetzt und gestartet worden ist, nur noch wenig steuern und kontrollieren lässt. Die Einflussfaktoren, Kontaktpunkte und Verantwortungsbereiche für den Personalentwickler erstrecken sich allerdings über alle Phasen des Coachingprozesses. Auch wenn die Verantwortung und das Wissen über die Sitzungen allein bei Coach und Coachee liegen, haben Personalentwickler Mitwirkungsrechte und -pflichten. Damit sind auch sie für Erfolg oder Misserfolg eines Coachings verantwortlich. Mit erfolgreichen Coachingprozessen steigern sie die Leistungsfähigkeit des Personals, stärken sie die Unternehmenskultur und verringern sie Effizienz- und Qualitätsverluste.

Erfolgsparameter und Fehlerpotenziale für Personalentwickler im Coachingprozess

Phase des Coachingprozesses:
Bedarfsermittlung

Erfolgsparameter

- Prozessqualität: Alle Beteiligten (inkl. z. B. Vorgesetzte) kennen das Instrument Coaching, das Coachingverständnis des Unternehmens und die Prozessabläufe
- Timing: Coachingbedarf wird rechtzeitig erhoben/bekannt

Fehlerpotenziale

- Unzureichende Kenntnis der Prozessbeteiligten über Ablauf, Möglichkeiten und Ziele des Instruments Coaching
- Unzureichende Kenntnis der Prozessbeteiligten über das Coachingverständnis des Unternehmens
- Unzureichendes oder undefiniertes Budget für Coachingleistungen
- Ungeregelter Prozess zur Initiierung eines Coachingprozesses

Phase des Coachingprozesses:
Kontakt

Erfolgsparameter

- Genügend große Auswahl an einsatzbereiten Coachs (gepflegter Coach-Pool)
- Schnelle Terminierung des Erstkontaktgesprächs

- Coachee und Coach sind ausreichend über Prozessabläufe, Coachingverständnis des Unternehmens informiert
- Coach ist ausreichend über aktuelle Situation des Unternehmens informiert

Fehlerpotenziale

- Coachpool zu klein
- Coachpool nicht aktualisiert, Anzahl der zur Verfügung stehenden Coachs zu klein
- Unzureichendes Briefing des Coachs über aktuelle Lage des Unternehmens

Phase des Coachingprozesses: Auftragsklärung

Erfolgsparameter

- Offene Kommunikation über eigene Wahrnehmung des Coachingbedarfs
- Konstruktive Mitarbeit an Zielsetzungen für das Coaching

Fehlerpotenziale

- Coach und Coachee sind Ziele und Erwartungen des Unternehmens im Coachingprozess (im Allgemeinen) nicht gegenwärtig
- Coachs und Coachee können Coachinglogistik nicht planen (Raumplanung, Reiseplanung, Regelung der Freistellung für Coaching etc.)

Phase des Coachingprozesses:
Lösungen

Erfolgsparameter

- Coach und Coachee können sich während der Sitzungen völlig auf selbst vereinbarte Zielsetzungen konzentrieren
- Coachinglogistik (Raumplanung, Vertragsmanagement etc.) erfolgt einwandfrei und geräuschlos
- Coach, Coachee und Personalentwicklung bleiben in enger Abstimmung und in Kontakt, auch wenn über Inhalt und Form der Coachingsitzungen Stillschweigen vereinbart worden ist

Fehlerpotenziale

- Personalentwickler/Personalentwicklerin verliert Kontakt zu Coach und Coachee

Phase des Coachingprozesses:
Transfer

Erfolgsparameter

- Coachee und Coach vereinbaren „Hausaufgaben" und Übungen für den Arbeitsalltag und greifen ggf. bei Unterstützung auf Personalentwicklung zurück
- Personalentwicklung plant bereits in der Transferphase Abschluss und Evaluation des Coachings

Fehlerpotenziale

- Personalentwickler/Personalentwicklerin verliert Kontakt zu Coach und Coachee

Basis des Erfolgs:
Coachingphilosophie des Unternehmens

Im Vergleich zu Training und anderen PE-Instrumenten kann der Personalentwickler beim Coaching weniger Transparenz über Ablauf und Ergebnis einzelner Sitzungen erwarten. Um den Prozess dennoch angemessen planen, steuern und evaluieren zu können, bedarf es eines konkret definierten Coachingverständnisses, das allen Beteiligten im Unternehmen als Richtschnur und inhaltliche Zielvorgabe dient.

Das Coachingverständnis beschreibt, was das Unternehmen unter Coaching versteht, wie es im Unternehmen eingesetzt und durchgeführt wird. Das ermöglicht die Übernahme bestimmter Coachingelemente in das Führungsverhalten – die Führungskräfte können als „Führungskraft als Coach" agieren. Außerdem lassen sich Organisationsabläufe und Prozesse auf Coaching abstimmen, so dass der Transfer einfacher und reibungsloser funktionieren kann. Coaching wird selbstverständlicher.

Das Coachingverständnis dient ebenso als Kommunikations- und Marketinginstrument. Es schafft Akzeptanz für Coaching bei potenziellen Coachees wie bei Vorgesetzten und Kolleginnen und Kollegen. Das Instrument verliert den Makel der „Nachhilfe" oder des „Nachsitzens" und wird als proaktives Element zur Steigerung des Unternehmenserfolges verstanden. So kann es möglichen Ziel-Konflikten zwischen Vorgesetzten, Coachs und Coachees vorbeugen.

Inhaltliche Elemente des Coachingverständnisses eines Unternehmens

- Definition von Zielen der Personal- und Organisationsentwicklung im Unternehmen und Beschreibung, welchen Beitrag Coaching dazu beisteuern kann
- Abgrenzung und Schnittstellen zu anderen Personalentwicklungsmaßnahmen
- Eingrenzung der Zielgruppen, die Coaching in Anspruch nehmen können
- Kurze Beschreibung des Verfahrens: Anmeldung, Organisation und Ende eines Coachingprozesses
- Anforderungen und erwartete Kompetenzen eines Coachs
- Verfahren zur Auswahl und zur Beauftragung eines Coachs

Coaching bei persönlichen Herausforderungen

Traditionell kommt Coaching vor allem zum Einsatz, um Einzelne zu unterstützen, persönliche Herausforderungen zu meistern. Das kann zum Beispiel die Annahme einer neuen Führungsrolle, Schwierigkeiten im Umgang mit Teams und Kollegen, die Umstellung auf neue Umgebungen, Instrumente oder Systeme oder die Wiedereingliederung nach längerer Abwesenheit sein. Bei diesen und anderen Herausforderungen hat sich Coaching bewährt, weil es schnell und ohne großen Organisationsaufwand Wirkung zeigt.

Wirkung entfalten kann Coaching im Unternehmen aber nur dann, wenn die Coachees sich offen und freiwillig auf den Coachingprozess einlassen können und wollen. Coaching darf weder als „Nachsitzen" oder als „Nachhilfe" für schlechte Führungskräfte verstanden werden, noch als Privileg oder Auszeichnung für „echte Führungskräfte". Vielmehr muss es integraler Bestandteil der Lern- und Unternehmenskultur sein. Das verlangt volle Transparenz über Ziele und Organisation des Coaching-Programms: Wer kann Coaching beantragen? Zu welchen Voraussetzungen? Außerdem bedarf es umfassender Kommunikation der Ziele, Möglichkeiten und Arbeitswissen des Coachings. Das müssen nicht nur angehende Coachees wissen, sondern zum Beispiel auch ihre Vorgesetzten. Nur so lässt sich verhindern, dass zu viele, falsche oder überzogene Erwartungen an Coachingergebnisse gestellt werden.

Typische Coachingbedarfe und -anlässe

- Positionswechsel
- Neue Führungsaufgaben
- Stress- und Fehleranfälligkeit
- Wiedereingliederung
- Nachlassende Motivation
- Unzufriedenheit mit Aufgabe, Rolle oder Position
- ...

Coaching bei Veränderungsprozessen

Mit Coaching haben Unternehmen ein erprobtes Instrument zur Hand, um Veränderungsprojekte von den eigenen Mitarbeitern umsetzen zu lassen. Das ist nicht nur kostengünstiger als Outsourcing. Es hält auch das im Veränderungsprozess gesammelte Wissen im Hause und erhöht die interne Akzeptanz für Entscheidungen im Veränderungsprozess.

Zielgruppe für Coaching in Veränderungsprozessen sind oft Projektleiter und Changemanager. Coaching bietet ihnen die Möglichkeit, die Steuerung eines Veränderungsprozesses zu reflektieren und Klarheit über Rolle, Ziele und Herausforderungen im Veränderungsprozess zu gewinnen. Oft stehen die „weichen Faktoren", informelle Kommunikation und kulturelle Besonderheiten im Mittelpunkt.

Auch Instrumente des Projektmanagements und neue Herangehensweisen – zum Beispiel agile Methoden – stehen weit oben auf der Wunschliste für ein Coaching. In diesem Fall sollte vorab geprüft werden, ob nicht andere Formate – Seminar, E-Learning oder Erfahrungsaustausch-Gruppen – eher das Ziel erreichen. Auch in Veränderungsprojekten liegen die größten Stärken des Coachings in der Reflektion der persönlichen Situation und in der Arbeit an persönlichen Stärken: Erfahrung und Umgang mit Unsicherheit, Zeitmanagement, Kommunikation im Changeprozess. Grundsätzlich stärkt Coaching das Selbstbewusstsein und die Selbstwirksamkeit der Verantwortungsträger im Change. Das ist die wichtigste Grundlage für einen reibungslosen, schnellen und langfristig erfolgreichen Veränderungsprozess.

Coaching zur persönlichen Entwicklung (Karrierecoaching)

Im Kampf um die besten Köpfe und Talente verordnen sich viele Unternehmen eine Steigerung der Arbeitgeber-Attraktivität. Dazu gehört auch eine fundierte Begleitung und Förderung in und durch verschiedene Laufbahnphasen, damit ein Mitarbeiter sein Potenzial voll ausschöpfen und im besten Sinne Karriere machen kann – am besten im eigenen Unternehmen. So hat das Karriere-Coaching Einzug in viele Unternehmen gefunden. Anders als das „klassische Coaching", das immer fallbezogen und mit konkretem Anlass geplant und angeboten wird, kann das Karriere-Coaching fester Bestandteil der HR-Services für Einzelpersonen sein.

Karriere-Coaching thematisiert die berufliche Weiterentwicklung des Coachees und beleuchtet aktuelle berufliche und private Situationen ebenso wie mögliche Entwicklungen, Veränderungen und berufliche Übergänge.

Der Nutzen für den Einzelnen liegt in der Unterstützung bei wichtigen Entscheidungen und Hilfe zur Lebens- und Karriereplanung. Auch das Unternehmen profitiert, wenn Mitarbeiter sich ihrer Stärken bewusst werden und neue Möglichkeiten erkennen, diese im Unternehmen gewinnbringend einzusetzen. Karriere-Coaching ist ein entscheidendes Talentmanagement-Tool: Oft können Mitarbeiter ihre Wünsche an das Unternehmen und ihre besonderen Stärken nicht beschreiben. Daraus folgt Unzufriedenheit und Arbeit unterhalb des persönlichen Leistungslimits. Karriere-Coaching wirkt dem entgegen und trägt dazu bei, Engagement, Zugehörigkeitsgefühl und Leistungsbereitschaft des Mitarbeiters zu erhalten.

Karriere-Coaching geht über reine *Karriereberatung*, die zumeist Fachwissen über Aufgaben, Positionen und Berufe weitergibt, hinaus. Voraussetzung ist, dass Karriere-Coaching alle Anforderungen, die auch für das klassische Coaching gelten, erfüllt:

- Keine Weisungen oder Vorgaben an den Coach
- Stillschweigen von Coach und Coachee über Inhalt und Verlauf der Coachingsitzungen
- Ergebnisoffener Prozess: Coach und Coachee entscheiden selbst über Zielsetzung und Themen

Coachingvarianten

Immer mehr setzen sich auch Erweiterungen und Anpassungen des klassischen Coachingansatzes durch – zum Beispiel das Transfercoaching, in dem ein Trainer nach einem Seminar oder Workshop gemeinsam mit einem Teilnehmer die Übertragung der Seminarinhalte in die Praxis bearbeitet. Durch die persönliche 1:1-Unterstützung des Trainers lässt sich das Gelernte schneller, erfolgreicher und nachhaltiger in den Arbeitsalltag integrieren.

Formen des „hybriden Coachings" mischen Ansätze aus Beratung, Training und Coaching. Die Grenze zwischen diesen Ansätzen verläuft im hybriden Coaching naturgemäß fließend. Vom Coaching kann man aber nur dann sprechen, wenn die Verantwortung für die Ziele des Prozesses allein beim Coachee liegt. Dies trifft auch auf die Variante des

Teamcoachings zu, in dem der Coach nicht auf eine Einzelperson, sondern auf ein ganzes Team trifft.

Coachs und Trainer finden und rekrutieren

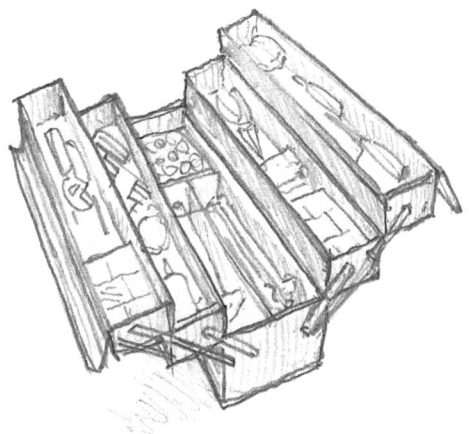

Kompetenzen:
Was ein guter Trainer mitbringt

Ein gutes Training nutzt dem einzelnen Teilnehmer wie dem gesamten Unternehmen. Dazu muss es entsprechend auf die Bedürfnisse und Ziele zugeschnitten sein und ansprechend ausgeführt werden. Die Qualität eines Trainers ergibt sich aus seinen Kompetenzen und seiner Motivation und Fähigkeit, diese im Training abzurufen und einzusetzen. In jedem Training sind sowohl persönliche als auch fachliche Kompetenzen eines Trainers gefragt. Dies trifft auf Fachtrainings ebenso zu wie auf Persönlichkeitstrainings. Der Unterschied liegt in der Gewichtung der Anteile.

Zur Auswahl eines Trainers und zur Definition der Anforderungen an einen Trainer (Trainerprofil) lässt sich das Kompetenzmodell des dvct nutzen, das die notwendigen Kompetenzen abgrenzt:

- Persönliche Kompetenz
- Handlungskompetenz
- Fachlich-methodische Kompetenzen
- Sozial-kommunikative Kompetenzen
- Feldkompetenz

Persönliche Kompetenz

Ein Trainer verfügt über Fähigkeiten, die ihm garantieren, reflektiert und selbstorganisiert zu handeln. Im engeren Sinne kann er sich selbst in seiner Tätigkeit als Trainer einschätzen und hat in diesem Rahmen Werthaltungen entwickelt, eigene Begabungen und Motive identifiziert und einen Leistungsvorsatz im Sinne seiner Teilnehmer und seines Auftraggebers entfaltet. In seinem Verhalten als Trainer zeigt er ein hohes Maß an Übereinstimmung von Einstellungen, Verhalten und Handeln. Sein Verhalten gegenüber Teilnehmern und Auftraggebern orientiert sich an dem Wert der Einzigartigkeit der Person.

Handlungskompetenz

Ein Trainer besitzt Fähigkeiten, sein Handeln auf die Teilnehmer, das Trainingsthema, das Lernziel, den Kontext der Teilnehmer, die Ziele des beauftragenden Unternehmens und die damit verbundene Umsetzung auszurichten.

Er ist in der Lage sein Handeln im Training auf eigene Emotionen, Motive, Werte sowie auf alle anderen Fähigkeiten, Erfahrungen und auch Kompetenzen, die seinen eigenen Willensantrieb im Training beeinflussen, zu überprüfen. Im systemischen Kontext berücksichtigt er zusätzlich die Wechselwirkungen einer Veränderung innerhalb des Unternehmens bzw. der Organisation.

Fachlich-methodische Kompetenzen

Ein Trainer verfügt über Fähigkeiten, in der Gestaltung zielorientierter Trainings geistig und physisch selbstorganisiert zu handeln. Er kann mit seinen fachlichen und methodischen Kenntnissen, Fertigkeiten und Fähigkeiten am Lernziel orientierte Veränderungen auslösen und begleiten.

Als Trainer kann er Wissen und Werte sinnorientiert einordnen und im Kontext eines Trainings bewerten. In seiner Tätigkeit geht der Trainer methodisch selbstorganisiert und gestaltend vor. Methoden werden vom Trainer selbst kreativ weiterentwickelt und an die eigene Persönlichkeit im Sinne von Authentizität angepasst.

Sozial-kommunikative Kompetenzen

Ein Trainer setzt sich unvoreingenommen mit seinem Auftraggeber und dessen Kontext sowie seinen Teilnehmern und deren Kontext auseinander. Sein Verhalten ist sachgerecht und beziehungsorientiert. Er verhält sich dabei wertschätzend und respektvoll im Umgang mit Teilnehmern und anderen im Trainingsprozess beteiligten Personen.

Er nutzt seine Fähigkeiten, um einfühlend zuzuhören, eine Beziehung zu Teilnehmern aufzubauen und angemessen zu interagieren. Der Trainer kennt die Bedeutung von gruppendynamischen Prozessen, erkennt Prozesse und nutzt das Ergebnis seiner Bewertung zur einfühlenden und flexiblen Gestaltung des Trainings. Hierzu gehört auch die Fähigkeit, Konflikte wahrzunehmen, sich diesen bewusst und selbstkritisch zu stellen, seinen Standpunkt darzulegen und im Sinne des Lernziels einen Konsens oder Kompromiss zu finden.

Feldkompetenz

Feldkompetenz besteht aus den spezifischen Sach- und Fachkenntnissen, Fertigkeiten und Fähigkeiten, die durch Erfahrung in einem bestimmten Arbeits-/Tätigkeitsfeld erworben wurden. Im Sinne des dvct bedeutet das, dass ein Trainer im thematischen Kontext seines Auftraggebers und seiner Teilnehmer über grundlegendes Orientierungswissen verfügt und es im Sinne des Lernziels anwendet.

Je konkreter die Feldkompetenzen des Trainers im Zusammenhang zum Trainingsthema, zum (unternehmerischen) Kontext des Auftraggebers und im Kontext der TeilnehmerInnen verfügbar sind, desto stärker kann ein Trainer von Anfang an im Bezugsrahmen des beauftragenden Unternehmens und seiner Trainings-Teilnehmer agieren.

Reflexionsfragen zur Ermittlung der Kompetenzen eines Trainers

Der Markt erfordert es, dass Trainer ihre Kompetenzen und die Vorteile ihres Trainings gut vermarkten müssen. Nicht immer ist es einfach, die Kompetenzen eines Trainers aus seinen Werbeaussagen in Broschüren oder im Internet herauszulesen. Auch im persönlichen Gespräch fällt eine Einschätzung der Fähigkeiten unabhängig von der Bewertung der Sympathie und des äußeren Auftretens recht schwer. Folgende Fragen helfen Ihnen, im Gespräch die notwendigen Informationen und Bezüge zu erhalten, mit denen Sie einschätzen können, ob und wie der Trainer für Ihr Unternehmen geeignet ist.

Reflexionsfragen für die Trainerauswahl (Fragen an den Trainer):

Persönliche Kompetenz
- Was macht Sie als Trainer erfolgreich? Wo sehen Sie für sich noch Verbesserungsbedarf?
- Wie würde ein zufriedener Seminarteilnehmer Ihre Trainings beschreiben? Wie ein unzufriedener?
- Was macht Ihnen als Trainer am meisten Freude?

Handlungskompetenz
- Beschreiben Sie kurz zwei typische Vertreter der Teilnehmergruppe. Dann fragen Sie: Was wird für diese Gruppe die größte Herausforderung im Training sein? Was können Sie als Trainer tun, um beim Meistern dieser Herausforderung größtmögliche Hilfe zu bieten?
- Was glauben Sie: Wie wird sich die Durchführung des Trainings auf unsere Organisation und unsere Kultur auswirken?
- Mit welchen Herausforderungen rechnen Sie im Training?

Wie werden Sie von der Trainingsgruppe am meisten gefordert sein?

Fachlich-methodische Kompetenzen
- Welche Trainer-Ausbildung haben Sie absolviert?
- Welche Weiterbildungen haben Sie in den vergangenen fünf Jahren besucht?
- Wie sieht Ihr didaktischer Ansatz für dieses Seminar aus?
- Wie gehen Sie bei Konzeption und Anpassung der Trainingsinhalte vor?

Sozial-kommunikative Kompetenzen
- Haben Sie eine Einschätzung, was die Trainingsgruppe in Bezug zu Ihren Inhalten und Methoden am meisten bewegen wird?
- Wie gehen Sie mit Widerständen im Training um?

Feldkompetenz
- Welche Erfahrung bringen Sie mit zu ...
  a) Trainingsthema
  b) Unternehmenskontext
  c) Fachkontext (Tätigkeitsfeld der Teilnehmer)
  d) Branchen
  e) Produkt oder Dienstleistung?

Kompetenzen:
Was ein guter Coach mitbringt

Professionelle Coachs erkennt man daran, dass sie neben Berufs- und Lebenserfahrung über eine qualifizierte und anerkannte Coachingausbildung verfügen. So können sie sicherstellen, dass ihre Leistung sich an den Bedürfnissen der Kunden orientiert und die Suche nach Lösungen zu Erkenntnissen führt, die der Klient selbst initiiert, erfährt und nutzt.

Der dvct, größter Verband für Coaching und Training in Deutschland, hat ein Kompetenzmodell veröffentlicht, das die fünf Kompetenzen beschreibt, die ein Coach mitbringen muss.

Persönliche Kompetenz
Ein guter Coach ist sich seiner eigenen Antriebe, Überzeugungen und Grundhaltungen bewusst und kann offen und verständlich kommunizieren, gut zuhören und sich selbst zurücknehmen. Er verfügt über eine geklärte Selbsteinschätzung.

Handlungskompetenz
Ein Coach weiß, wie er seine Gesprächsführung und den Coachingprozess auf den Coachee ausrichten muss. Im systemischen Kontext berücksichtigt er die Wechselwirkungen einer Veränderung im beruflichen und im privaten Umfeld des Coachees. In Coachingsitzungen kann er auf passende psychologische Modelle und Vorgehensweisen zurückgreifen, um den Coachee auf seiner Suche nach

Veränderung und dem Weg zum definierten Ziel optimal zu unterstützen.

Fachlich-methodische Kompetenzen

Ein Coach besitzt einen Methoden- und Toolkoffer, um Denkprozesse anzuregen, Situationsbeschreibungen durchzuführen, Kraftfelder zu analysieren und innere Haltungen zu dokumentieren. Er beherrscht verschiedene Methoden der Gesprächsführung, arbeitet mit Visualisierungstechniken und bringt je nach Ausrichtung und Spezialisierung zumeist weitere Kompetenzen mit – zum Beispiel Biografiearbeit, Systemaufstellungen oder Potenzialdiagnostik. Unentbehrlich für jeden Coach ist die Fähigkeit, dem Coachingprozess eine solide Auftrags- und Zielklärung voranzustellen.

Sozial-kommunikative Kompetenzen

Ein Coach setzt sich unvoreingenommen mit dem Klienten und seinem Anliegen auseinander. Dabei verhält er sich in jeder Phase des Coachings, wertschätzend und respektvoll – egal welche Themen im Rahmen des Coachings zur Sprache kommen. Er baut eine Beziehung zum Klienten auf, die es ihm ermöglicht, den Coachingprozess zu steuern und den Coachee bei der Suche nach Lösungen zu unterstützen. Dazu gehört auch, dass ein Coach Konflikte in der Beziehung zum Coachee erkennt, anspricht und einen eigenen Standpunkt einnimmt.

Feldkompetenz

Die Feldkompetenz beschreibt die spezifischen Sach- und Fachkenntnisse, Fertigkeiten und Fähigkeiten, die sich Coachs durch Erfahrung in einem bestimmten Tätigkeitsfeld erworben haben. Ein Coach verfügt im thematischen Kontext des Klienten über grundlegendes Orientierungswissen.

Reflexionsfragen zur Ermittlung der Kompetenzen eines Coachs

Coaching ist Kommunikation. Das Auswahlgespräch gewährt Ihnen einen Einblick, wie gut ein Coach kommuniziert: Wie er zuhört, mit Ihnen spricht, das Gespräch leitet und Ihre Anliegen und Probleme mit seinen Worten wiedergibt. Hören Sie durchaus auf Ihr Bauchgefühl. Achten Sie im Gespräch darauf, wie der Coach über sich und andere spricht und wie verständlich er sich über Prozesse und Coachingziele ausdrücken kann.

Sichern Sie Ihre Entscheidung mit Erkenntnissen über die Kompetenzen des Coachs ab, die Sie durch gezieltes Fragen gewinnen können.

Folgende Fragen helfen Ihnen, im Gespräch die notwendigen Informationen und Bezüge zu erhalten, mit denen Sie einschätzen können, ob und wie der Coach für Ihr Unternehmen geeignet ist.

Reflexionsfragen für die Coachauswahl
(Fragen an den Coach):

Persönliche Kompetenz
- Sind Sie gerne Coach? Warum?
- Was macht Sie als Coach aus? Was macht Sie erfolgreich?

- Was macht Ihnen als Coach am meisten Freude?

Handlungskompetenz
- Was tun Sie, wenn Coachees keinen Sinn oder keinen Anlass für Veränderung sehen?
- Was tun Sie, wenn Sie das Gefühl gewinnen, dass das Coaching die erhofften und vereinbarten Ziele nicht erreichen wird?
- Woran stellen Sie fest, ob Sie hilfreich für den Coachee sein können?
- Können Sie Ihr Coachingverständnis in zwei Sätzen beschreiben?

Fachlich-methodische Kompetenzen
- Welche Coaching-Ausbildung haben Sie absolviert?
- Welche Weiterbildungen haben Sie in den vergangenen fünf Jahren besucht?
- Auf welche psychologischen Modelle baut Ihr Coaching auf?
- Woran stellen Sie fest, ob Sie hilfreich für den Coachee und für unser Unternehmen sein können?

Sozial-kommunikative Kompetenzen
- Wie bauen Sie Beziehungen zu Ihren Coachees auf, wenn Sie wenig Umgang mit dem Fachjargon, den Themen und den Kontexten des Coachees haben?
- Wie unterstützen Sie Coachees bei der Lösungssuche?
- Was tun Sie, wenn Coachees bewusst oder unbewusst eine ablehnende Haltung gegen die Lösungssuche einnehmen?

- Wie reagieren Sie, wenn Coachees von Ihnen Lösungen und Ratschläge erwarten?

Feldkompetenz
- Welche Erfahrung bringen Sie mit zu...
    a) Unternehmenskontext
    b) Fachkontext (Tätigkeitsfeld der Teilnehmer)
    c) Branchen
    d) Produkt oder Dienstleistung?

Gewusst wer und wo:
Coachs und Trainer finden

Das Internet macht es leicht, Trainer und Coachs zu bestimmten Themen und Aufgaben oder in bestimmten Orten zu finden. Die meisten Trainer und Coachs sind mit einer eigenen Homepage im Netz vertreten. Darüber hinaus gibt es diverse Verzeichnisse. Allerdings bietet die Fülle des Angebots keine Qualitätsgarantie. Deshalb bauen sich die meisten HR-Manger ihr eigenes Netzwerk an Coachs und Trainern auf, auf das sie im Bedarfsfall zurückgreifen. Wie jedes gute Netzwerk wächst dieses allerdings nicht über Nacht, so dass es oft Lücken aufweist, wenn auf die Schnelle ein Coach oder Trainer mit speziellen Kompetenzen oder Erfahrungen gesucht wird.

Ein gepflegtes Netzwerk hilft nicht nur bei der Auswahl und der direkten Ansprache von Trainern und Coachs. Es dient den Personalverantwortlichen auch als Inspirations- und

Infoquelle, wenn ein aktueller Coaching- oder Trainingsbedarf erkannt wurde: Sie können sich mit Coachs und Trainern, mit denen sie bereits zusammenarbeiten, über den aktuellen Anlass schnell und unverbindlich austauschen. Trainer und Coachs sind zumeist gut vernetzt und empfehlen gern Kolleginnen und Kollegen weiter. Vor allem können sie die Kompetenzen anderer Coachs und Trainer fachlich einschätzen, beurteilen und beschreiben.

Zertifizierungen geben Orientierung

Bei der Suche nach neuen Trainern und Coachs orientieren Sie sich am besten an anerkannten und bewährten Zertifizierungen der nationalen und internationalen Trainings- und Coachingverbände. Die Zertifizierung durch den dvct zum Beispiel garantiert Ihnen, dass sich der Coach an den ethischen Werten des Verbandes orientiert. Zudem hat er seine Ansätze und Tools überprüfen lassen und kann auf ein regelmäßiges Weiterbildungsangebot zurückgreifen. Diese

Qualitätsmerkmale müssen Sie nicht mehr selbst ab- und nachprüfen.

Der dvct bietet seit 2004 seinen Mitgliedern eine unabhängige Überprüfung der Kompetenzen und Qualifikationen von Coachs und Trainern an. Mit dem anerkannten und standardisierten Qualitäts-Zertifizierungsverfahren hat er seitdem über 950 Coachs und Trainer geprüft. Ein dvct-zertifizierter Trainer oder Coach verfügt über die erforderlichen Trainer- und/oder Coach-Kompetenzen (s. o.).

Schnelle Suche, schneller Kontakt: Die dvct-Coach- und Trainer-Datenbank

In der dvct-Datenbank (www.dvct.de/suche) finden Sie die Portfolios von annähernd 1.600 Coachs und Trainern sowie das Angebot der dvct-Mitgliedsinstitute und deren Ausbildungen. Die Suche lässt sich einfach und schnell nach Stichworten, Methoden oder Orten eingrenzen. Zu jedem Trainer und Coach bietet die Datenbank ein Kurzprofil und den direkten Link zur Website. So finden Sie schnell einen Coach oder Trainer in Ihrer Nähe. Die Auswahl über die dvct-Datenbank garantiert, dass nur Anbieter in die Auswahl kommen, die den dvct-Qualitätskriterien entsprechen und die Werte und das Coaching- und Trainingsverständnis des dvct teilen. Zudem unterstreichen die Coachs und Trainer mit ihrer Mitgliedschaft ihr Interesse an und ihr Engagement für persönliche Weiterbildung und Anpassung der eigenen Kompetenzen an Marktanforderungen und -bedürfnisse:

Die Webinare und Weiterbildungsangebote des dvct bieten den Mitgliedern die Möglichkeit, Trainings- und Coaching-trends und neue didaktische Ansätze kennenzulernen, aus-zuprobieren und in das eigene Repertoire aufzunehmen. Re-gelmäßige Fachtreffen auf den Regionalforen fördern den Austausch mit anderen Coachs und Trainern, die Reflektion der eigenen Praxis und die Zusammenarbeit mit den Coa-chees und Teilnehmern.

Wichtige Grundlage:
Trainingsvertrag und Coachingvertrag

Training und Coaching sind Dienstleistungen, die (zumeist) Externe für Ihr Unternehmen erbringen.

Während viele inhaltliche Fragen oft flexibel beantwortet werden und beim Coaching zumeist dem Coach und dem Coachee überlassen bleiben, regelt ein schriftlicher Vertrag die Rahmenbedingungen und die Grundlagen der Zusam-menarbeit.

Viele Coachs und Trainer stellen auf Wunsch gerne ihre eigenen Vertragsmuster zur Verfügung (dvct-Trainer und Coachs verfügen in der Regel über aktuelle und rechtssichere Vertragsmuster). In der Regel stimmen sie aber auch den Vertragstexten des Unternehmens zu, wenn diese keine unüblichen oder unakzeptablen Bedingungen enthalten. Ein eigenständiger Coaching- und Trainingsvertrag erleichtert dem Unternehmen die Verwaltung, Vertragsabwicklung und Zusammenarbeit mit mehreren Trainern und Coachs.

Sinnvoll ist der Abschluss eines Rahmenvertrags, der dann fallbezogen um Einzelvereinbarungen pro Auftrag ergänzt wird.

Kernelemente eines Coaching- und Trainingsrahmenvertrags

- Präambel (kurze Definition des Trainings- und Coachingverständnisses)
- Name und Kontaktdaten Coach/Trainer
- Name und Kontaktdaten Unternehmen, Ansprechpartner
- Kurze Umschreibung des Auftragsgegenstands
- Mögliche Einsatzorte
- Regelung der Auftragsvergabe durch Zusatzverträge (Wer kann wie ein Coaching/Training bestellen? Wann kommt ein Auftrag für den Coach/Trainer zustande?)
- Höhe des Honorars
- Steuern und Sozialversicherung
- Erstattung von Auslagen (z. B. Fotokopien), Reisekosten und Spesen
- Zahlungsweise und Zahlungsfristen

- Stornierungsbedingungen
- Urheberrechte: Umgang mit geistigem Eigentum und Dokumenten z. B. Schulungsunterlagen: Welche Rechte räumt der Trainer/Coach dem Unternehmen ein?
- Pflichten des Coachs/Trainers: Pünktliche und ordnungsgemäße Durchführung, Vorbereitung, Nachbereitung (z. B. Dokumentation, Ablieferung von Teilnehmerlisten und Evaluationsbögen, Seminarbericht)
- Pflichten des Unternehmens bzw. der Mitarbeiter
- Geheimhaltungspflichten: Umgang mit Unternehmensinformationen
- Datenschutz und Umgang mit persönlichen Daten (DS-GVO-Konformität)
- Haftung des Trainers/Coachs
- Vertragsende/Kündigung
- Ggf. Erklärung, keiner Sekte anzugehören (Scientology-Ausschlussklausel)
- Schlussbestimmungen

Der Rahmenvertrag und die ergänzenden Einzelverträge erfüllen in rechtlicher Sicht die Anforderungen eines Dienstvertrages. Er zeichnet sich – zum Beispiel in Abgrenzung zum Werkvertrag – durch ein bestimmtes Maß persönlicher Freiheit des Coachs oder Trainers gegenüber dem Dienstberechtigten aus – zum Beispiel bei der Auswahl pädagogischer Methoden oder bei der Terminabsprache. Der Dienstvertrag begründet kein langfristiges Vertragsverhältnis.

Spielregeln für Coach und Coachee: Der „psychologische" Coachingvertrag

Der Rahmenvertrag regelt die formale Seite der Beziehung zwischen Coach/Trainer und Unternehmen. Bei Trainings bedarf es zumeist keiner weiteren Verträge mit den Teilnehmern. Anders beim Coaching, das stärker auf die Mitarbeit, Offenheit und Kooperation des Einzelnen angewiesen ist – nicht nur in inhaltlicher Sicht, sondern auch in organisatorischen Fragen – zum Beispiel bei der Terminplanung für Coachingsitzungen.

Deshalb arbeiten viele Coachs und Unternehmen mit einem „psychologischen Vertrag". Dieser Vertrag ist rechtlich nicht bindend. Aber er gibt allen Beteiligten Verbindlichkeit über Möglichkeiten und Ziele des Coachings und klärt auf, was Coaching nicht kann, darf oder will.

Beim Coaching von Privatpersonen besprechen und verhandeln Coachs den psychologischen Vertrag zumeist in der ersten Sitzung im Rahmen der Auftragsklärung. Kommen Coachs im Auftrag des Unternehmens zum Einsatz, sollte der psychologische Vertrag am besten bereits geschlossen sein, bevor Coach und Coachee in der Auftragsklärung die Themen, Ziele und Vorgehensweisen konkretisieren: Der Mitarbeiter sollte wissen, was auf ihn zukommt, worauf er sich einlässt und welche Ziele das Unternehmen mit dem Coaching verfolgt. Der psychologische Vertrag beschreibt, was der Mitarbeiter erwarten darf und was von ihm erwartet wird.

Viele Mitarbeiterinnen und Mitarbeiter sind noch nicht mit der Natur und der Vorgehensweise des Coachings vertraut. Damit sie ihre Rolle finden und Vorurteile abbauen können, bietet der psychologische Vertrag größtmögliche Transparenz über die Methode und die Organisation des Coachings. So werden zum Beispiel die Verschwiegenheit des Coachs, der Umgang mit sensiblen Daten sowie Zeit und Ort des Coachings geklärt. Im besten Fall finden im psychologischen Vertrag auch die Kernaussagen des Coachingverständnisses des Unternehmens (s. o.) Entsprechung.

Der psychologische Vertrag hat keine rechtliche Bindung. Aber er schafft Akzeptanz und Verbindlichkeit für alle Beteiligten und sichert den reibungslosen Ablauf der Coachingsitzungen. Auch beugt er falschen Erwartungen vor, weil er implizit regelt, was Coaching nicht ist: Keine Beratung, keine Therapie und kein Auftrag an den Coach, Lösungen für Probleme zu liefern.

Kernelemente des psychologischen Coachingvertrags

- Anlass bzw. auslösender Faktor des Coachings
- Coachingverständnis: Coaching als begleitender Prozess, Potenziale und Möglichkeiten zu entdecken und zu aktivieren
- Bereitschaft zum Coaching
- Aufwand und Zeitrahmen
- Mitwirkungspflichten des Coachees
- Verschwiegenheit des Coachs, Datenschutz
- ...

Im Fall der Fälle: Coaching- und Trainingsverhältnisse beenden

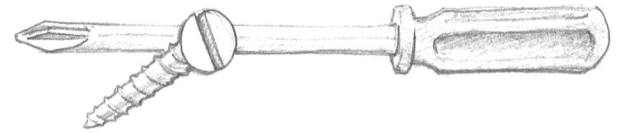

Wie in jedem anderen Dienstverhältnis auch kann es beim Training und Coaching vorkommen, dass die Zusammenarbeit früher als geplant beendet wird. Das kann aus organisatorischen Gründen oder planerischen Überlegungen geschehen. Ebenso kann es vorkommen, dass Trainer oder Coach nicht zur Gruppe, zum Coachee oder zum Unternehmen zu passen scheinen. Ist die Beziehung zum Trainer oder zum Coach mit einem schriftlichen Dienstvertrag (s. o.) begründet, verläuft die Trennung zumeist problemlos, weil bereits vorab geklärt wurde, was in diesem Fall zu tun ist.

Wichtig ist, dass Erkenntnisse und Wissen des Prozesses gesichert werden. Unbedingt erforderlich ist ein Abschlussgespräch mit dem Trainer oder Coach, in dem er seine Sicht auf Inhalte, Prozesse und Beteiligte schildern und Verbesserungsvorschläge für die Zukunft geben kann. Dazu gilt es zu klären, ob und wie Handlungsweisen des Trainers und Coachs mit dem Trainings- und Coachingverständnis des Unternehmens im Einklang stehen.

Trainings- und Coachingprogramme implementieren und steuern

Trainingsmaßnahmen definieren

Viele Trainingsprogramme scheitern ganz am Anfang – bei der Bestandsaufnahme. Das passiert immer dann, wenn ein Ruf nach einem Training voreilig und unhinterfragt aufgenommen und in die Trainingsplanung überführt wird. Dann stellt der Trainer erst unmittelbar am Trainingstag fest, dass die Teilnehmer etwas ganz anderes erwarten oder wünschen als ihr Vorgesetzter. Oder dass ein Fachtraining organisiert wird, obwohl es den Teilnehmern nicht an Fachkompetenz fehlt, sondern an Antrieb, Orientierung oder Selbstbewusstsein. Deshalb müssen HR-Verantwortliche zu dem Zeitpunkt, in dem ein Trainingsbedarf artikuliert wird, viele Fragen stellen. Im Idealfall enthält der interne Trainingskatalog bereits ein Trainingsdesign, das bereits erfolgreich getestet und durchgeführt worden ist. Ein zu schneller Rückgriff auf diese Seminarbeschreibung verhindert aber die wichtige Erhebung der Anforderungen und Kompetenzlücken, die es zu schließen gilt. Der wichtigste Vorteil eines firmeninternen Trainings, wird damit viel zu schnell aus der Hand gegeben.

Fragen zur Erhebung des Trainingsbedarfs

- Um wen geht es? Wer möchte oder soll ein Training erhalten?
- Wie viele Personen sind betroffen und können vom Training profitieren?

- Was sollen die Teilnehmer nach dem Training anders/intensiver oder bewusster sehen, fühlen oder machen?
- Woran erkennen Außenstehende nach dem Training, dass das Training erfolgreich war?
- Welche anderen Möglichkeiten gibt es, um das Problem zu lösen? Welche Instrumente dienen ähnlichen Zielen? Warum ist Training die beste Lösung?
- Wie viel Zeit steht zur Verfügung?
- Welche Vorbildung und -erfahrung haben die Teilnehmer?
- Mit wem arbeiten die Teilnehmer im Arbeitsalltag zusammen? Welchen Zwängen sind sie unterworfen?
- ...

Bei der Erhebung des Trainingsbedarfs stehen zunächst einmal nur die aktuelle Situation und das Wunschbild der zukünftigen Situation im Fokus (Wie sieht die Welt aus, wenn die beteiligten Personen etwas anders machen oder besser können sollen?). Erst wenn diese Bestandsaufnahme erledigt ist, kann ein Trainer allein oder gemeinsam mit anderen Personen Ideen und Vorschläge entwickeln, wie das Ziel erreicht werden kann. Diese Frage beantwortet dann das Trainingsdesign, das die Grundlage eines maßgeschneiderten Trainings bildet. Während das Trainingsdesign ausreichend Erfahrung und didaktisches Know-how erfordert, kann die Bestandsaufnahme auch ohne Trainingserfahrung durchgeführt werden. Die Zusammenfassung der Bestandsaufnahme in kurzen, prägnanten Sätzen erleichtert die Abstimmung mit allen Beteiligten und verhindert, dass ein Training am eigentlichen Bedarf vorbeikonzipiert wird.

Bestandteile der Trainingsbedarfserhebung

- Auflistung aller Beteiligten: Positionen, Abteilungen, Professionen
- Auslösendes Moment des Trainingsbedarfs
- Nennung der Handlungen, Einstellungen oder Wahrnehmungen, die im und durch das Training angesprochen werden
- Nennung der Prozesse, Arbeitsschritte und Tätigkeiten, die durch das Training beeinflusst werden (sollen)
- Erwünschte Effekte des Trainings
- Mögliche Einflüsse, Hindernisse und Widerstände
- Erfolgsindikatoren
- Schnittstellen zu anderen Trainings
- Schnittstellen zu anderen HR-Maßnahmen

Bestandteile des Trainingskonzepts

- Voraussetzungen (z. B. Vorwissen)
- Gruppengröße
- Dauer und Umfang
- Didaktische Methoden
- Hilfsmittel und Tagungstechnik
- Zeit- und Tagesplanung
- Transfer
- Evaluation

Training organisieren:
Zeiten, Räume, Zuständigkeiten

Optimale Trainingszeiten – Vorlauf und Durchführung

Ein optimaler Trainingstag hat acht Stunden, inklusive einer längeren Mittagspause und Kaffee- bzw. Teepausen am Vor- und Nachmittag. Die klassische Trainingszeit 09.00 – 17.00 Uhr hat sich bewährt. Da aber immer mehr Mitarbeiter in Teilzeit, im Homeoffice oder an verschiedenen Standorten arbeiten, macht es immer öfter Sinn, später am Vormittag zu starten, um allen Teilnehmerinnen und Teilnehmern die Anreise am Trainingstag zu ermöglichen. Manchmal ist es sinnvoller, erst um 10.00 Uhr und dann komplett und konzentriert zu starten, als einen unglücklichen Start ins Training durch Zuspätkommer und zahlreiche Unterbrechungen zu riskieren.

Die Wahl des genauen Trainingsdatums ist von unterschiedlichen Kriterien abhängig. Verfügbarkeit des Trainers oder der Trainerin sind ebenso wichtige Variablen wie die Verfügbarkeit der Teilnehmerinnen und Teilnehmer und eventuell auch des Trainingsraumes. Hinzu kommen interne

Bedingungen und Präferenzen. Das macht die Terminierung in vielen Fällen schwierig. Umso wichtiger ist das Ringen und das Bemühen für ein ideales Trainingsdatum. „Eighty percent of success is showing up", wusste schon Regisseur und Comedian Woody Allen. Das beste Training ist nutzlos, wenn ihm aus Zeit- und Termingründen die Teilnehmer fehlen.

Oft übersehen: Auch die Nachbearbeitungsphase eines Trainings, in der die Trainingsteilnehmer den Lernstoff in den Alltag übertragen, neue Skills ausprobieren und Veränderungen in die Wege leiten, braucht ihre Zeit. Auch dieser Aspekt muss in die Zeit- und Terminplanung einfließen. Ein Messetraining kann ganz bestimmt nicht seine optimale Wirkung erzielen, wenn die Teilnehmer bereits am ersten Tag nach dem Training auf dem Messestand erwartet werden.

Optimale Trainingsräume: Licht, Luft und Platz

Ein guter Trainingsraum ist mehr als ein Dach über dem Kopf. Nicht umsonst sprechen wir von „guter Lernatmosphäre" – und die wird maßgeblich vom Raum bestimmt. Gute Belüftung und viel Licht – am besten und vielleicht sogar ausschließlich Tageslicht – sind für gute Lernerfolge erheblich. Außerdem brauchen Trainer und Teilnehmer ausreichend Platz. Dazu muss der Tagungsraum groß genug sein und die Bestuhlung genügend Flexibilität zulassen, um zum Beispiel verschiedene Sitzordnungen an einem Tag (morgens Kino- oder Theaterbestuhlung, nachmittags Stuhlkreis oder U-Form) einzusetzen. Idealerweise steht der Trainingsgruppe genügend Platz zur Verfügung, um sich in Klein- und Besprechungsgruppen aufzuteilen. Das kann im Trainingsraum selbst geschehen. Gerne nutzen Trainingsgruppen aber auch anliegende Möglichkeiten – etwa Besprechungsmöglichkeiten im Foyer oder kleine Besprechungsräume in der Nähe.

Für Inhouse-Trainings nutzen viele Unternehmen eigene Kapazitäten. Das ist mit Sicherheit die ökonomischste Variante. Eventuell sind externe Räume in Tagungshotels, Event-Locations oder Co-Working Spaces nicht nur aufgrund des Platzangebotes und der Technik die bessere Wahl. Allein die Tatsache, dass die Teilnehmer nicht „mal eben" aus dem Training an den Arbeitsplatz gehen oder von Kollegen oder Vorgesetzten aus dem Training herausgerufen werden können, ist ein großes Plus für die Konzentration und die Intensität des Trainings.

Kleines Detail am Rande: Der Trainingsraum und die Sitzordnung bestimmen den gesamten Charakter des Trainings. Das sollte bei der gesamten Organisation beachtet werden. Namensschilder als Aufsteller zum Beispiel machen zumeist nur dann Sinn, wenn die Teilnehmer auch an Tischen sitzen. Sollten keine Tische benötigt werden, sind Namenschilder zum Anstecken oder Aufkleben wesentlich hilfreicher.

Checkliste: Auswahl des Trainingsraumes

1. Platzangebot und Trainingsatmosphäre
   - ✓ Ausreichend Platzbedarf pro Teilnehmer
   - ✓ Tageslicht
   - ✓ Verdunklungsmöglichkeit (bei Beamer-Präsentation bzw. zu starker Sonneneinstrahlung)
   - ✓ Flexible bzw. benötigte Möblierung

- ✓ Ruhige Atmosphäre (keine Baustellen, Straßenlärm etc.)
- ✓ Möglichkeiten für Kleingruppenarbeit: Foyernutzung oder Gruppenräume
- ✓ Catering (s. u.): Pausen- und Mittagsbewirtung in Trainingsraumnähe
- ✓ Optional: Übernachtungsmöglichkeiten für Trainer und Teilnehmer

2. Ausstattung
   - ✓ Monitor/Leinwand/Flat Screen
   - ✓ Beamer/TV-Gerät inkl. Anschluss: HDMI und VGA
   - ✓ Lautsprecher
   - ✓ Flipchart: __ Stck. plus ausreichend Pinnwand-Papier
   - ✓ Pinnwände: __ Stck.
   - ✓ Moderationskoffer (inkl. Stifte, Karteikarten in versch. Farben und Größen, Klebepunkte, Pinnadeln): __ Stck.
   - ✓ W-LAN-Zugang für Trainer und Teilnehmer

3. Bestuhlung
   - ✓ U-Form
   - ✓ Kinobestuhlung/Vortrag
   - ✓ Lehrgespräch
   - ✓ Stuhlkreis
   - ✓ U-Form mit Tischen

4. Weiteres
   - ✓ Parkmöglichkeiten

- ✓ Tagungsservice: fester Ansprechpartner/Ansprechpartnerin für Organisation und Technik
- ✓ Büroservice: Kopiermöglichkeiten, Drucker
- ✓ Catering: Kaffeepausen und Mittagessen mit angemessener Auswahl für Trainings

Platzbedarf für Trainingsformen

Frontalunterricht: 2 qm pro Teilnehmer

U-Form mit Tischen: ca. 3,5 qm pro Teilnehmer

Moderationsmethode: ca. 8 bis 10 qm pro Teilnehmer

(freie Stuhlanordnung mit kleinen Beistelltischen)

Gruppenarbeit/Besprechung: ca. 3,5 qm pro Teilnehmer

Quelle: https://neuland-raumkonzepte.com/der-ideale-seminarraum-teil-4-moeblierungsvarianten

Organisation und Zuständigkeiten

Vor- und nach dem Training gibt es eine Vielzahl von Organisationsaufgaben, die wie Details anmuten, in der Gesamtheit aber ein großes Gewicht für den Trainingserfolg erhalten. Es macht Sinn, diese Koordinierungsarbeit auf mehrere Schultern zu verteilen. Allerdings nur dann, wenn die Abstimmung und Koordination nicht darunter leiden. Manchmal ergibt sich die Möglichkeit, alle oder einzelne Teilnehmer mit Organisationsaufgaben zu betrauen – so wie es früher in der Schule den Klassenbuch- und Tafeldienst gegeben hat. Die Delegation kleiner Organisationsaufgaben kann dazu beitragen, dass die Teilnehmer das Training noch mehr als „ihre Veranstaltung" ansehen und Verantwortung übernehmen.

Organisationsaufgaben vor, während und nach einem Training

- ✓ Einladungsschreiben an Teilnehmer
- ✓ Optional: Erwartungsabfrage zu Trainingszielen und -inhalten
- ✓ Registrierung der Teilnehmer
- ✓ Hinweise zum Datenschutz
- ✓ Abfrage Material- und Technikbedarf beim Trainer
- ✓ Erstellung Teilnehmerliste und Namensschilder bzw. Namensaufkleber
- ✓ Abfrage Essensauswahl (Allergien, vegetarisches/veganes Essen etc.)
- ✓ Briefing an Trainer: Zeiten, Ort, Zugänge etc.
- ✓ Redaktion, Vervielfältigung und Transport Trainingsunterlagen (Handouts)
- ✓ Druck und Versand Feedbackbögen
- ✓ Erstellung Fotoprotokoll
- ✓ Versand Fotoprotokoll an Teilnehmer

Datenschutz und Geheimhaltung

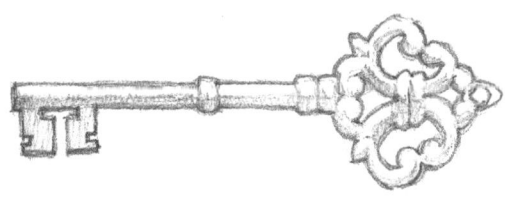

Die europäische Datenschutzgrundverordnung (DSGVO) ist seit Mai 2018 in Kraft. Seitdem haben Unternehmen für die Verarbeitung von Mitarbeiter-Daten keine Erlaubnisgrundlage mehr, wenn sie der DSGVO nicht entsprechen. Personen, deren Daten gespeichert oder verarbeitet werden, können verschiedene Rechte in Anspruch nehmen: auf Auskunft, Berichtigung, Löschung, Einschränkung der Verarbeitung, Datenübertragbarkeit und Widerspruch. Unternehmen müssen die Mitarbeiter über die DSGVO informieren und sich Erlaubnis zur Datenverarbeitung für die jeweiligen Verwendungszwecke einholen.

Da bei der Organisation von Trainings immer auch personenbezogene Daten erhoben werden – und sei es „nur" in Form des Namens auf der Teilnehmerliste – sollten Sie alle Schritte zur Erhebung und Speicherung von personenbezogenen Daten mit dem Datenschutzbeauftragten Ihres Unternehmens abstimmen. In der Regel müssen die Trainings- und Coachingleistungen, bei denen Daten erhoben werden, in das „Verzeichnis der Verarbeitungstätigkeiten" aufgenommen werden. Dieses Verzeichnis belegt, wie Ihr Unternehmen mit erhobenen Daten verfährt.

Darüber hinaus bzw. in Abstimmung mit den Empfehlungen und Vorgaben des Datenschutzbeauftragten sollten Sie Vorkehrung zur Sicherstellung des Datenschutzes vornehmen. So müssen Sie mit allen Personen, die von Ihnen Daten bekommen bzw. Dateneinsicht haben, Verträge abschließen. Das betrifft natürlich Trainer und Coachs, die ein Seminar oder Coaching übernehmen und eine Teilnehmerliste erhalten. Darüber hinaus sollten Sie im Trainings- und Coachingalltag generell auf Datensicherheit achten:

- Computer, die in Trainingsräumen zum Einsatz kommen, mit Passwort verschlüsseln
- Anwesenheitslisten nur verschlüsselt versenden
- Keine Teilnehmerlisten auf portablen Datenträgern wie zum Beispiel USB-Sticks speichern
- Handschriftliche Unterlagen so verwahren, dass dritte Personen keinen Zugang erhalten – zum Beispiel in einem abgesperrten Büro, Materialraum oder in einem abschließbaren Schrank. Das betrifft auch Flipcharts und Materialien, die im Training zum Beispiel in Gruppenarbeit erarbeitet werden

Auf alle Fälle müssen Sie den Teilnehmern klar und deutlich erklären, wie ihre Daten verarbeitet werden und evtl. (wenn im Unternehmen nicht übergreifend erfolgt) dafür ihre Einwilligung einholen.

Coachingmaßnahmen definieren

Im Coaching leistet ein Coach Hilfe zur Selbsthilfe. Er begleitet den Coachee in einem befristeten Prozess, selbst Lösungen zur Situationsverbesserung zu finden und eigene Potenziale, Kraft und Fähigkeiten stärker oder besser zu nutzen als bisher. Die Festlegung eines Coachingziels und die Absprache konkreter Schritte fallen in die Auftragsklärung zwischen Coach und Coachee. Eine präzise Auftragsklärung ist bereits der erste Schritt zum Erfolg des Coachings. Bevor ein Coach allerdings aktiv werden kann, benötigt er jedoch den formalen Auftrag des Unternehmens und die

Möglichkeit, sich mit dem Klienten/Coachee auszutauschen und dieses Auftragsklärungsgespräch zu führen. Vor der Auftragsklärung von Coach und Coachee muss deshalb eine vorgeschaltete Sondierung stattfinden, die Coaching als geeignetes und erfolgversprechendes Instrument definiert. Diese Sondierung darf der Auftragsklärung nicht vorgreifen. Aber sie muss allen Beteiligten ein Gefühl und ein Verständnis vermitteln, dass eine Coachingmaßnahme zu diesem Zeitpunkt ein geeignetes Mittel ist, um ein Problem zu lösen oder eine Situation zu verbessern. Ein Coaching wäre zum Beispiel nicht das Mittel erster Wahl, um langfristig Kompetenzen aufzubauen oder Gesundheitsgefährdung durch Sucht oder Abhängigkeit auszuschließen. Langfristiger Kompetenzaufbau erfolgt besser durch (regelmäßiges) Training, bei Sucht und anderen psychischen Störungen muss zwingend psychotherapeutische Hilfe in Anspruch genommen werden.

Folgende Leitfragen helfen Ihnen und Ihren internen Kunden, herauszufinden, ob ein Coaching weiterhelfen kann:

- ✓ Sehen Sie Bedarf für eine Veränderung in Ihren Beziehungen zu anderen? Sind Sie bereit, über Veränderungen nachzudenken?
- ✓ Stehen Sie vor der Aufgabe, Veränderungsprojekte zu leiten oder in Veränderungsprojekten mitzuwirken?
- ✓ Benötigen Sie Orientierung für Vergewisserung und Überprüfung von eigenen Entscheidungen und/oder Zielen?
- ✓ Möchten Sie reflektieren, wie Sie auf andere wirken und welche Handlungsmuster, Vorlieben und Erwartungen Ihr Verhalten und Ihr Bezug zu anderen Menschen prägt?

- ✓ Wünschen Sie sich Unterstützung beim Setzen von Prioritäten und Zielen?
- ✓ Sehen Sie Probleme oder Herausforderungen, die sich durch Veränderungen in Ihrer Rolle, in Ihrem Team oder bei Ihren Aufgaben ergeben?
- ✓ Können Sie sich vorstellen, die Möglichkeit, durchzuspielen, wie erfolgreich ein anderes Handeln wäre?

Coaching organisieren: Zeiten, Räume, Zuständigkeiten

Coaching und Training unterscheiden sich nicht nur in Zielen und im didaktischen Ansatz fundamental, sondern auch in der Organisation. Während ein Training klar, transparent und öffentlich organisiert sein sollte, ist ein Coaching von der Selbstorganisation durch Coach und Coachee bestimmt. Ausschließlich diese beiden Parteien übernehmen Verantwortung über inhaltliche Organisation und Strukturierung des Trainings. Zwar kann und muss die Personalabteilung als Sponsor und Budgetverwalter Rahmendaten und -bedingungen vorgeben. Sie kann den Ort des Coachings festlegen, die Anzahl der Coachingsitzungen limitieren und den Zeitrahmen, bis wann ein Coaching zum Abschluss kommen sollte, festschreiben. Allerdings empfiehlt es sich, so wenig Vorgaben wie möglich zu machen, um Coach und Coachee in Eigenverantwortung die Möglichkeit zu geben, die Abfolge und Terminierung ihrer Sitzungen an die Arbeitszeiten und Aufgaben des Coachees und an inhaltliche Themen anzupassen. Ein Coaching kann zum Beispiel gezielt auf externe oder interne Ereignisse vorbereiten: Messen, wichtige Verhandlungen, Sitzungen, Präsentationstermine, Mitarbeitergespräche, Versammlungen etc.

Coachingzeiten

Im Idealfall einigen sich Unternehmen/Personalabteilung, Coachee und Coach auf einen Zeitrahmen, in dem das Coaching erfolgen und mit einem Ergebnis abschließen soll. Für diesen Zeitrahmen kann und sollte ein Mindest- und ein Höchstvolumen an Coachingsitzungen gemäß Coachingvertrag vereinbart werden. Die Terminierung einzelner Sitzungen erfolgt idealerweise zwischen Coach und Coachee, evtl. unter Einbezug der Personalabteilung, falls die Buchung oder Reservierung von Räumen oder Bereitstellung weiteren Materials (Flipchart, Pinnwand, Videokamera, Webcam etc.) erforderlich sind.

Coachingraum

Reines Coaching (also kein Teamcoaching etc.) baut auf dem Austausch zwischen zwei Personen auf. Die Anforderungen an einen Coachingraum sind entsprechend gering. Trotzdem ist die Bedeutung des Raumes nicht zu unterschätzen. Auch wenn Coaching vor allem ein Gespräch ist, benötigen Coach und Coachee Platz und gute Atmosphäre, um konstruktiv zu arbeiten – zum Beispiel am Flipchart.

Da eine Coachingeinheit selten länger als 120 Minuten dauert, ist es sinnvoll, wenn der Weg vom Arbeitsplatz zum Coachingraum nicht zu viel Zeit in Anspruch nimmt. Allerdings wünschen sich viele Coachees einen Treffpunkt abseits der gewohnten Arbeitsplatzumgebung. So können sie ungestört in bewusst betriebsferner Atmosphäre sprechen und reflektieren. Außerdem lassen sich die Ungestörtheit und Anonymität besser wahren.

Datenschutz und Geheimhaltung

Für Coachings gelten grundsätzlich die gleichen Datenschutzvorschriften und -maßnahmen wie für Trainings und Seminare (s. o.). Im Zweifelsfall ziehen Sie den Datenschutzbeauftragten Ihres Unternehmens hinzu.

Coaching und Training bewerten und verbessern

Qualitätssicherung und Gütekriterien für Coaching und Training

Die Suche nach der idealen Qualitätssicherung in Coaching und Training füllt Regalwände an Forschungsliteratur und Dokumentation. Die Frage, wie sich der Erfolg und der Wert einer Bildungsmaßnahme messen und bewerten lässt, war und ist immer eine Ausgangsbasis für Diskussionen und Auseinandersetzungen. Wir verzichten an dieser Stelle auf den Versuch, den Diskurs der Forschung und die Bemühungen in der Praxis nachzuzeichnen. Qualitätsbewertung und Qualitätsmanagement bleiben immer ein Ansinnen, das nie zu hundert Prozent überzeugen kann und trotzdem keiner Rechtfertigung für Mühe und Aufwand bedarf. Nur wer sich um Qualitätssicherung bemüht, kann behaupten, sich unabhängig vom Zufall und externen Faktoren zu machen. Einige Reflexionsanregungen und Verbesserungsvorschläge für die tägliche Praxis sollen an dieser Stelle genügen.

Qualitätssicherung im Training:
Optimaler Einsatz der Feedback- und Evaluationsbögen
Smileys, Schulnoten und Freitextfelder: Kaum ein Seminar, Training oder Workshop kommt ohne die beliebten Evaluationsbögen aus. Ausgeteilt und eingesammelt werden sie immer. Vernünftig ausgewertet schon seltener, richtig genutzt fast nie. Dabei können gut gestaltete Evaluationsbögen viel mehr leisten, als nur das Gewissen zu beruhigen. Wenn man sie clever formuliert, können sie mehreren Zielen dienen – und mehrfachen Nutzen erzielen:

Ziel 1:   Evaluation der Maßnahme: Welchen Erfolg hat die Maßnahme gehabt?

Ziel 2:   Qualitätsmanagement: Wie hoch ist die Teilnehmerzufriedenheit?

Ziel 3:   Kundenorientierung: Bitte um Feedback!

Ziel 4:   Kundendialog: Informationsgewinnung, Innovationsmanagement!

Ziel 5:   Marketing und Kundenansprache!

Über Ziel 1 können Weiterbildungsverantwortliche auf Kongressen, in Workshops und in Zeitungsartikeln aufs Trefflichste streiten. Jeder weiß, dass die Zufriedenheit der Teilnehmer unmittelbar nach einem Training nur wenig über den Transfererfolg oder die Qualität einer Maßnahme aussagt.

Und jeder Trainer weiß, mit welchen Worten und Botschaften er die Kreuze seiner Teilnehmer in die gewünschte Richtung wandern lassen kann. Warum also konzentrieren sich die meisten Trainingsveranstalter beim Entwurf eines Feedbackbogens zumeist nur auf Ziel 1, um dann schulterzuckend festzustellen, dass sich mit diesem Instrument allein nur wenig messen lässt? Leichter und fassbarer ist die Auswertung der Antworten zu Ziel 2: Teilnehmerzufriedenheit.

Die Bewertung von Training und Trainer durch die Teilnehmer nach dem Schulnotensystem gibt einen schnellen Hinweis, wie zufrieden sich die Teilnehmer unmittelbar nach einem Training fühlen.

Aber: Wenn die Evaluationsbögen nur als Radar für Extremfälle („Super-Trainer kam gut an" oder „Da ist wohl etwas schiefgelaufen") genutzt werden, lohnt sich der Aufwand gar nicht. Extreme Bewertungen erfahren Sie vom Trainer und von den Teilnehmern schneller als Sie die eingesammelten Bögen auswerten können. Dafür benötigen Sie die Feedbackbögen gar nicht.

Und trotzdem können Feedbackbögen sehr viel Gutes bringen:

Nutzen Sie die Bögen – nicht nur zur Ablage:

Ziel 3: Lassen Sie die Teilnehmer beschreiben, wie sie im Training Probleme gelöst, Wissen erweitert und Neues ausprobiert haben. Sie werden erstaunt feststellen, wie viel Nutzen ein Training stiften kann. Sie erhalten Argumente, die Sie für die Bewerbung im Intranet und anderswo nutzen können. Treffender, ehrlicher und prägnanter als die Teilnehmer selbst kann niemand ein Training bewerben. Wir müssen sie nur fragen und ihnen Raum geben, um zu antworten.

Ziel 4: Nutzen Sie diesen Moment, in dem der Teilnehmer nach einem guten Training ganz bei sich ist, um mehr über ihn und seine Bedürfnisse zu erfahren: Was hat das Training gebracht? Was wünscht er sich noch? Was braucht er? Was sollte sein Chef jetzt wissen, tun oder lassen? Wer sollte dieses Training auch besuchen?

Ziel 5: Fragen wir den Teilnehmer, welche Bildungsangebote er sich zusätzlich wünscht. Indem wir ihn aus einer Auswahl ankreuzen lassen, weisen wir ihn auch ganz charmant auf unser vielfältiges Programm hin. Wann sonst sind Menschen so aufgeschlossen, über neue Trainingsthemen nachzudenken wie nach einem guten Training? Nutzen wir den Moment und weisen auch im Feedbackbogen auf weitere Angebote hin.

Qualitätssicherung im Coaching:
Optimaler Einsatz der Feedback- und Evaluationsbögen
Qualitätssicherung im Coaching steht vor der Herausforderung, einen individuell gestalteten Prozess nach standardisierten Kriterien zu bewerten. Diesem Vorhaben sind natürlicherweise Grenzen gesetzt: Es gibt keine einheitlich erwartbaren Ergebnisse eines Coachings. Nicht nur die Ziele werden individuell von Coach und Coachee festgelegt,

sondern auch die Zeiträume und Umfelder, in denen diese sichtbar und wirksam werden sollen. Über Inhalte, Ereignisse und Schwierigkeiten im Coaching wird zumeist Stillschweigen vereinbart. Wie lässt sich dann die Qualität eines Coachings bestimmen, wenn der Coach für die Umsetzung und Ergebnissicherung nur wenig bis gar keine Gewährleistung übernehmen kann? Je offener der Prozess, desto klar definierter und bewertbarer muss die Prozessdurchführung sein. Unabhängig von den Inhalten der Coaching-Gespräche und den vereinbarten Zielen kann und sollte sich jeder Coach an der Qualität seiner Organisations- und Moderationskompetenzen messen lassen. Einige Stichworte können Ihnen zur Anfertigung eines Feedbackbogens zum Coaching für Ihren Coachee dienen. Die Antworten des Feedbackbogens sollten ausschließlich für die Auswertung durch Personalabteilung und Coach genutzt werden (bewertbar nach Schulnoten 1- 6):

1. Organisation und Terminierung der Coachingsitzungen
   - Die Sitzungen waren gut terminiert. Die Teilnahme am Coaching ließ sich gut mit anderen Aufgaben und Verpflichtungen abstimmen. Absagen und Terminverschiebungen wurden rechtzeitig kommuniziert.
   - Die Sitzungen begannen und endeten pünktlich.

2. Prozesstransparenz
   - Ziele des Coachingprozesses und der einzelnen Coachingsitzungen waren eindeutig und nachvollziehbar.
   - Methoden, Übungen und Instrumente wurden ausführlich erklärt und beschrieben.

- Der Coachee hatte jederzeit Einfluss und Mitbestimmung bei Auswahl der Instrumente und Festlegung oder Anpassung der Coachingziele.

3. Prozessresonanz
   - Die Atmosphäre im Coaching war freundlich, wertschätzend und lösungsorientiert.
   - Mein(e) Anliegen standen im Mittelpunkt des Coachings.
   - Die Lösungssuche erfolgte in einem partnerschaftlichen Prozess und orientierte sich an meinem Bedarf und meinen Anliegen.

Das einfache Maß für Zufriedenheit mit Training und Coaching: Der Net Promoter Score

Qualitätssicherung, Evaluation und Messung der Zufriedenheit bei Coaching und Training sind komplex. Unabhängig davon, was Sie an Aussagen über Inhalt, Verlauf und Methoden eines Trainings erfahren und messen möchten, sollten Sie eine wichtige Kennzahl nicht vergessen: den NPS (Net Promoter Score). Dieser Indikator, der im Online-Marketing entwickelt wurde, misst die Zufriedenheit mit einem Produkt oder einer Dienstleistung mit einer einzigen präzisen Frage: „Würden Sie diesen Service weiterempfehlen?"

Fragen Sie also am Ende eines Coachings und Trainings ganz gezielt die Teilnehmer, ob sie das Training oder das Coaching weiterempfehlen können. Lassen Sie die Befragten ihre Zufriedenheit mit einem Wert von 0 (sehr unwahrscheinlich) bis 10 (sehr wahrscheinlich) ausdrücken. Sie können diese prägnante Einschätzungsfrage noch um ein offenes Antwortfeld ergänzen, in dem die Teilnehmer ein schrittliches Feedback geben können. Diese kurze und präzise Antwort gibt ihnen zumeist ein sehr klares Bild, wie das Training unmittelbar „angekommen" ist. Zwar bietet auch der NPS keine Hinweise auf Wirksamkeit von Inhalten und Methoden, sondern misst nur das Gefühl der Zufriedenheit. Dieses Gefühl misst der NPS aber eindeutiger und unkomplizierter als Fragen zu Didaktik, Ausgewogenheit von Theorie- und Praxisteilen und Beziehung des Trainers oder Coachs zu Publikum und Coachee. Während letztere Fragen manche Menschen überfordern oder verwirren, können die Teilnehmer die Frage, ob sie das Training weiterempfehlen können, zumeist schnell und intuitiv beantworten. In der Regel tun sie das auch sehr gerne.

Ausblick: Coachs und Trainer müssen mit und gegen den Strom schwimmen

Die Arbeit von Coachs und Trainern gewinnt an Bedeutung, je instabiler und unberechenbarer die Beziehungen, Prozesse und Anforderungen für die Menschen werden. Die Folgen des technologischen Fortschritts lassen sich gar nicht berechnen oder skizzieren, bevor die Umsetzung schon gegriffen hat. Umso wichtiger sind die Kompetenz und die Bereitschaft der Mitarbeiter und Führungskräfte, sich auf Unbekanntes einzulassen, Altes loszulassen und Neues dazuzulernen. Dazu leisten Coachs und Trainer wichtige Transmissionsarbeit, indem sie Methoden und Impulse von außen in die Organisationen bringen und den Mitarbeitern Raum, Gelegenheit und Anstoß zur Selbstveränderung bieten, gerne auch in der Kombination mit einem Schuss Irritation, den jede Organisation benötigt, um wachsam, neugierig und veränderungsbereit zu bleiben.

Eine der Herausforderungen für Coachs liegt im richtigen Einsatz neuer technischer Mittel und Möglichkeiten. So verlangen Coachees und Seminarteilnehmer wie auch ihre Vorgesetzten immer flexiblere Einsätze und Verfügbarkeiten: Der „mobile Coach" wird ebenso selbstverständlich wie Micro-Trainings, die über „smart devices" wie Handy, Tablet oder „smarte Kleidung" direkt am Arbeitsort und in realen Projekten die Möglichkeit bieten, gewünschte und geforderte Kompetenzen am Puls der Wirklichkeit zu üben und zu reflektieren. Andererseits müssen gerade auch Coachs und Trainer die Menschen im Wandel begleiten und sie ermutigen, technische Vorteile zu nutzen, ohne von ihnen beherrscht zu werden. Das Tempo des Wandels braucht die Entschleunigung, das Innehalten und die bewussten Schritte zurück, die Menschen bewusst gehen, wenn sie Neues Lernen und aktuelle Herausforderungen nutzen, um Strategien für die Zukunft zu entwickeln. Coachs und Trainer als Lernbegleiter müssen mehrere Geschwindigkeiten beherrschen und scheinbar paradoxe Aufgaben bewältigen: Wandel vorantreiben und entschleunigen, Mitarbeiter auf neue Technologien vorbereiten und sie gleichzeitig zu einer kritischen Haltung ermutigen.

Genau wie die Organisation der Zukunft einen Patchwork-Charakter hat und unterschiedliche Hierarchieformen, Kulturen und Gemeinschaftsideale unter einem Dach vereint, müssen auch die Coachs und Trainer sich immer wieder neu erfinden, lernen und sich von alten Positionen lösen. Das geht nur, wenn sie gut mit den Personalabteilungen zusammenarbeiten. Das gute Miteinander von Personal-Managern und Coachs und Trainern wird zur wichtigen Erfolgsformel, die die Wandlungs- und Überlebensfähigkeit eines Unternehmens sichert. Verstehen und Verständnis bleiben auch in Zukunft die wichtigste Voraussetzung für gemeinsamen Erfolg.

Der dvct

Immer. Mehr. Wert.

Wir bringen weiter, weil wir weiter denken.

Der Deutsche Verband für Coaching und Training e.V. (dvct) ist der führende Fachverband für professionelle Coachs und Trainer in Deutschland. Mit annähernd 1.600 Mitgliedern repräsentiert der Verband eine große Bandbreite von Coachs, Trainern und Weiterbildungs-Instituten. Vor dem Hintergrund, dass sich die beiden Disziplinen der Personalentwicklung perfekt ergänzen, ist die Berücksichtigung von Coaching und Training unter dem Dach eines Verbands beispielhaft.

Qualität als Basis. Weiterentwicklung als Ziel.
- Der dvct positioniert sich als Verband, der mit Leidenschaft, Engagement und hoher Motivation Mehrwerte schafft, von denen Mitglieder und Interessenten durch konkrete Vorteile nachhaltig profitieren.
- Der dvct arbeitet fortwährend daran, seine Services weiter zu optimieren und zu erweitern und damit zusätzliche Mehrwerte zu schaffen.
- Der dvct ist ein wachstumsorientierter Verband, der die Liebe zu Qualität und Leistung mit hoher Kompetenz und

Professionalität verbindet, um mit maximaler Motivation eine lebendige Plattform für Mitglieder und Interessenten zu bieten.

- Der dvct entwickelt sich im Sinne der Wertschöpfung für seine Mitglieder und Interessenten stetig weiter.
- Der dvct ist der Verband, der die Leidenschaft für den Beruf teilt, sich für den gemeinsamen Erfolg engagiert und zu dessen Zielen es gehört, seine Mitglieder in Ihrer Weiterbildung und Ihrem Marketing zu unterstützen.

Dafür steht unser Claim, der all das miteinander verbindet: Immer. Mehr. Wert.

Weiterführende Literatur

Die Auswahl an Fachbüchern zu Training und Coaching ist immens. Wir beschränken uns deshalb auf die Auflistung bewährter Standardwerke.

1. Coaching

Fischer-Epe, Marion: Coaching: Miteinander Ziele erreichen, Rowohlt, Reinbek 2017 (zuerst 2002)

König, Eckard und Volmer, Gerda: Handbuch Systemisches Coaching: Für Coaches und Führungskräfte, Berater und Trainer, Beltz Verlag, Weinheim, 3., komplett überarbeitete und aktualisierte Aufl. 2019

Migge, Björn: Handbuch Coaching und Beratung: Wirkungsvolle Modelle, kommentierte Falldarstellungen, zahlreiche Übungen, Beltz Verlag, Weinheim, 4. Aufl. 2018

Rauen, Christopher: Coaching-Tools III: Erfolgreiche Coaches präsentieren Interventionstechniken aus ihrer Coaching-Praxis, Edition Training aktuell, Bonn 2017

Roth, Gerhard und Ryba, Alica: Coaching, Beratung und Gehirn: Neurobiologische Grundlagen wirksamer Veränderungskonzepte, Klett-Cotta, Stuttgart, 3.Aufl., 2016

Wehrle, Martin: Die 100 besten Coaching-Übungen: Das große Workbook für Einsteiger und Profis zur Entwicklung der eigenen Coaching-Fähigkeiten, Edition Training aktuell, Bonn 2019

2. Training

Arnold, Rolf und Krämer-Stürzl, Antje und Siebert, Horst: Trainerkompetenz: Dozentenleitfaden. Erwachsenenpädagogische Grundlagen für die berufliche Weiterbildung, Cornelsen Verlag, Berlin, 2. Aufl., 2011

Große Boes, Stephanie und Kaseric, Tanja: Trainer-Kit: Die wichtigsten Trainingstheorien, ihre Anwendung im Seminar und Übungen für den Praxistransfer, Edition Training aktuell, Bonn 2018

Lienhart, Andrea: Seminare, Trainings und Workshops lebendig gestalten (Haufe TaschenGuide), Haufe Verlag, Freiburg im Breisgau 2017

Nitschke, Petra: Trainings planen und gestalten: Professionelle Konzepte entwickeln, Inhalte kreativ visualisieren,

Lernziele wirksam umsetzen, Edition Training aktuell, Bonn 2011

Raab, Ursula und Späth, Thomas: Handbuch Trainingsmethoden: Ein Methodenbuch für Trainer von Trainern (Grundlagen der Weiterbildung), Ziel Verlag, Hergensweiler 2010

Warhanek, Christoph: Management-Trainings: Den Nutzen steigern durch Professionalität und Organisationsbezug, Gabler Verlag, Wiesbaden 2005

Weidenmann, Bernd: Handbuch Active Training: Die besten Methoden für lebendige Seminare, Beltz Verlag, Weinheim, 3. Aufl., 2015

3. Allgemein

Arnold, Rolf: Wie man lehrt, ohne zu belehren: 29 Regeln für eine kluge Lehre, Carl Auer Verlag, 4. Aufl., Heidelberg 2018

Siebert, Horst: Didaktisches Handeln in der Erwachsenenbildung: Didaktik aus konstruktivistischer Sicht (Grundlagen der Weiterbildung), Ziel Verlag, 8. bearb. Aufl., Hergensweiler 2019

Stepper, John: Working Out Loud: For a better career and life, Ikigai Press, New York 2015